KB275107

내 아이의
자립심

내 아이의 자립심

1만 가정을 변화시킨 방목 육아 솔루션

이시다
가쓰노리
지음

양필성
옮김

온포인트

자립심은 강력한 '성장 엔진'이다

저는 지금까지 유치원생부터 고등학생 자녀를 둔 학부모와 1만5,000건이 넘는 상담을 했고, 4,500명 이상의 학생을 직접 가르치고 지도했습니다. 아이와 부모가 겪는 수많은 문제를 마주하며, 한 가지 사실을 명확히 확인하게 되었습니다.

'아이에게 필요한 여러 능력 중 단 하나만 꼽는다면, 단연코 자립심이다!'

남에게 종속되거나 의지하지 않고 스스로 설 수 있는 힘이야말로 그 어떤 교육보다 강력한 '성장 엔진'입니다. 실제로 상담 과정에서 만난 아이들은 학업 성취도나 인지 능력보다 '스스로 해보려는 힘의 부족'이 문제일 때가 많았습니다. 반대로 자립심이 단단한 아이는 잠시 성적이 떨어지거나 친구 관계에서 어려움을 겪더라도 문제 해결의 실마리를 찾아내며 다시 균형을 잡아 나갑니다.

자립심의 성장 속도가 극적으로 달라지는 이유

자립심은 단순히 혼자 하는 힘뿐만이 아니라, 생각하고 판단하고 선택하며 책임지는 능력의 총합입니다. 그래서 공부 태도, 정서적 안정감, 또래 관계, 진로 탐색까지 모든 영역의 근간을 이룹니다. 부모가 아무리 많은 지식을 주입하고 좋은 교육을 제공해 준다 해도 아이가 스스로 한발 내디딜 수 없다면 그 모든 노력은 제 기능을 할 수 없습니다.

더 중요한 사실은 자립심은 타고나는 것이 아니라 환경과 경험에 따라 충분히 길러질 수 있는 능력이라는 점입니다. 부모의 태도와 말투, 질문의 종류, 실패를 대하는 방식, 결정권의 부여 등에 따라 자립심의 성장 속도는 극적으로 달라집니다.

교육열이 높은 성실한 부모일수록 아이의 일거수일투족에 개입하는 경우가 많습니다. 부모는 "아이가 아직 서툴고 모든 걸 알 수 없으니 도와주는 것일 뿐"이라고 하지만, 그 도움이 아이의 자립심을 약화시키는 주요 원인이 됩니다.

실수나 실패를 막기 위해 대신 결정해 주고, 목표를 세워 주고, 문제를 해결해 주는 부모의 도움은 단기적으로는 성과를 낼 수 있지만, 장기적으로는 아이의 자립심을 무너뜨리는 결과를 초래합니다. 그 과정에서 부모는 지치고, 아이는 자기 효능감을 잃으며, 결국 관계는 서로를 소진하는 방향으로 흐릅니다.

반대로 '아이는 아이, 나는 나'라는 건강한 거리감을 유지하며 아이의 자율성을 존중하는 부모 밑에서 자란 아이는 매우 다른 방향으로 성장합니다. 스스로 해보는 시간을 충분히 보장받은 아이는 시도를 거듭하며 차츰 실패를 두려워하지 않고, 자신이 선택한 길에서 버티는 힘이 생깁니다. 그 과정에서 타고난 개성과 재능을 주도적으로 발현합니다.

이 차이는 단순한 육아 방식이 다른 것에 그치지 않습니다. 아이가 성인이 되었을 때 자기 삶을 스스로 경영할 수 있느냐의 문제로 확장됩니다.

어느 강연회에서 저는 이 차이를 '동물원형'과 '목장형' 육아법으로 비유해 설명한 적이 있습니다. 처음에는 웃으며 듣던 참가자들의 표정이 점차 진지하게 굳어졌습니다. 그리고 강연이 끝난 후에는 이런 소감이 쏟아졌습니다.

"지금까지 완전히 동물원형으로 아이를 키우고 있었다는 걸 깨달았어요. 이제부터는 건강한 방목을 시작해 보겠습니다!"

"아이 스스로 공부하지 않는 게 제 탓이라는 걸 알았습니다. 쓸데없는 참견은 이제 그만하겠습니다!"

제가 생각하는 동물원형과 목장형 육아의 차이는 단순합니다. 아이의 자유로운 행동 반경이 좁은가, 넓은가의 차이입니다.

물론 아이가 어릴 때는 생존을 위한 관리형 육아가 필요합니다. 하지만 아이는 점차 말과 행동으로 자신의 의사를 표현하기 시작하고, 자유롭게 뛰어놀고 싶어 합니다. 이럴 때 부모가 아이에게 얼마나 자율성을 부여하는지가 성장 단계를 전환할 때의 중요한 기준점이 됩니다.

예를 들어, 아이를 잔디밭이 있는 큰 공원에 데려갔다고 해봅시다. 아이가 맨발로 이곳저곳 뛰어다니려 한다면 "더러우니까 신발 신고 이리 와!"라고 말하는 것이 동물원형입니다. 반대로, 위험할 때 바로 도와줄 수 있도록 뒤를 따라다니며 조용히 지켜보는 것이 목장형입니다. 이처럼 동물원형과 목장형은 아이를 대하는 방식에서 큰 차이를 보입니다.

건강한 '독립' 위해
필요한 '자립'의 과정

자립은 독립과는 다릅니다. 독립이 '부모로부터의 물리적·심리적 분리'를 뜻한다면, 자립은 '스스로 설 수 있는 능력' 그 자체를 말합니다. 독립이 '상태'라면, 자립은 그 상태를 가능하게 하는 능력이자 '기반'인 셈입니다.

따라서 건강한 독립은 반드시 자립의 과정을 통과해야만 가능합니다. 자립심이 충분히 길러져야 분리 이후에도 의존하거나 무너지지 않고, 자신의 삶을 안정적으로 꾸려갈 수 있기 때문입니다. 결국 자립은 독립을 향해 가는 단단한 연습이며, 독립은 자립이 무르익었을 때 자연스럽게 도달하는 결과입니다.

사실 아이는 태어나면서부터 계속해서 자립을 연습하고 있습니다. 애써 숟가락을 잡으려는 손, 혼자 옷을 입겠다는 고집, 학교 앞에서 "이제 혼자 갈게요"라고 말하는 순간까지 이 모든 행동 속에는 '나는 할 수 있다'는 자기 효능감이 숨어 있습니다. 이렇게 작고 사소한 시도가 쌓여 아이의 성장 반경이 넓어지고, 차츰 자기 삶을 스스로 이끌고 관리할 자립의 힘이 자라게 됩니다.

그런데 많은 부모가 아이의 손을 쉽게 놓지 못합니다. 말로는 "아이를 위해서"라고 하지만, 사실은 아이의 시행착오를 지켜보는 일이 괴롭기 때문입니다. 그 괴로움은 부모 자신의 불안에서 비롯되는 경우가 많습니다. 부모의 불안이 작동해 아이의 고민을 대신 선택해 주고 문제를 미리 차단하려 한다면, 아이는 스스로 생각할 기회를 잃고 작은 어려움에도 쉽게 흔들리는 '의존형 아이'로 굳어집니다. 아이가 실패하지 않도록 도왔다고 믿었지만, 실제로는 실패를 견디는 근육을 약하게 만든 것이죠.

동물원처럼 부모의 통제 아래 행동 범위가 좁아질수록, 아이는 야생성을 잃은 동물처럼 스스로 살아가는 힘이 약해집니다. 반대로, 목장의 환경처럼 성장에 따라 행동 범위를 점차 넓혀주면, 아이는 스스로 생각하고 행동하는 힘을 키워 갑니다. 건강하게 성장하며 키워나간 이런 힘이야말로 앞으로 마주할 사바나 같은 치열한 사회를 헤쳐나가는 '진짜 생존력'입니다.

시대가 달라졌습니다. 불과 십여 년 전만 해도 "좋은 학교 가서 안정된 직장에 들어가면 평생 걱정이 없지"라고 말하는 부모가 있었습니다. 하지만 이제 그 '안정'이라는 공식은 통하지 않습니다. 더 이상 세상은 예측 가능한 경로로 흘러가지 않습니다.

부모 세대는 '열심히 하면 안정된 삶을 얻을 수 있다'는 확신 속에서 자랐고 성실, 규칙, 순응이 가장 큰 미덕이었습니다. 그러나 지금의 아이들이 살아갈 세상은 다릅니다. 기술은 하루가 다르게 변하고, 한 사람이 여러 직업을 갖는 것이 자연스러운 시대입니다.

앞으로는 '이미 정답을 알고 있는 아이'보다 '스스로 답을 찾을 수 있는 아이'가 살아남을 수 있습니다. 절대로 부모가 옆에서 매번 정답을 알려줄 수도 없고, 그게 정답인지 확신할 수도 없습니다. 이 변화에 적응하지 못하면 아무리 공부를 잘하는 아이라도 삶의 방향을 잃어버리기 쉽습니다.

이제는 적절한 시기에 '도와주는 부모'에서 '물러서는 부모'로의 전환이 필요합니다. 아이의 손을 놓는다는 것은 무책임한 방치가 아닙니다. 아이가 실수할 자유를 허락하고, 안전지대가 되어주는 진정한 지지입니다. 부모가 한발 물러서서 아이에게 선택의 공간을 주고 실패의 경험을 허락할 때, 비로소 아이는 자신이 가진 힘을 발견하기 시작합니다.

강연과 상담에서 제가 아무리 이렇게 말해도 여전히 불안을 떨치지 못하고 "우리 아이는 혼자 아무것도 못 하는데, 손을 놓으라고요? 그건 불가능해요"라고 말하는 부모도 계십니다. 하지만 걱정하지 않으셔도 됩니다. 손을 놓아주면 놀랍게도 아이는 스스로 할 수 있게 됩니다. 아이를 믿고 손을 놓아 주는 것이 멀리 돌아가는 길처럼 보일지라도 사실은 가장 빠른 길입니다.

이 책에서는 아이의 손을 놓아야 할 시점과 그 실천 방법을 '동물원형', '목장형', '사바나형'이라는 3단계 환경으로 비유해 설명합니다. 그리고 이 모든 과정을 통과하는 동안, 유념해야 할 개념이 '방목 육아'입니다. 방목 육아는 아이의 성장 단계에 따라 순차적이고 점진적으로 주도권을 넘겨주는 과정입니다. 그 과정에서 부모가 무엇을 내려놓아야 하고, 무엇을 지켜야 하는지 구체적으로 다루려고 합니다.

이 책을 통해 당신의 아이가 자립하기 시작하는 전환점을 꼭 만들 수 있기를 간절히 바랍니다.

이시다 가쓰노리

목차

어떤 환경에서 아이는 자립할까

: 방목 육아의 3단계 환경

아이의 자립을 가로막는 성실한 부모

"어쩌면 아이의 자립을 막은 것은 무관심한 부모가 아니라, 너무 성실한 부모인지도 모릅니다. 아이가 어릴 땐 부모의 성실이 돌봄이고 도움이지만, 어느 순간 통제와 간섭이 되어버릴 수 있습니다. 시기에 맞지 않은 부모의 '과잉 성실'은 아이의 성장 반경을 넓히지 못하게 가로막는 장애물이 됩니다."

1) 아이가 선택할 사소한 문제까지도 부모가 대신 결정한다.

2) 아이가 새로운 시도를 할 때 부모가 미리 나서서 최대한
실패하지 않도록 돕는다.

3) 아이가 수행한 결과가 부모의 뜻대로 되지 않으면, 짜증이 나고
감정적으로 대응할 때가 있다.

이 중 하나라도 해당한다면 통제형 부모가 될 가능성이 있습니다. 무의식 중에 '내 아이니까 내가 잘 알아', '저건 우리 애가 아직 못 하는데…' 하고 예단한 적은 없나요? 이런 사소한 전제 속에 '내가 먼저 판단해 주는 게 아이를 위한 최선'이라는 통제의 씨앗이 자라고 있는지도 모릅니다.

무관심보다 무서운 '성실'의 함정

물론 아이가 어릴 땐 부모의 보호 아래서 충분히 사랑을 주며 육아해야 합니다. 문제는, 적절한 시기를 지나서 부모의 도움이 너무 오래 지속될 때 생깁니다. 어릴 땐 부모의 말을 잘 따르던 아이도 성장하면서 부모와 부딪히기 시작합니다.

이 시기가 되면 "무언가 말하면 말할수록 관계가 더 나

빠져요”라는 고민 상담이 급격히 늘어납니다. 아이를 향한 ‘도움’이 ‘통제’로 바뀌는 순간, 부모가 이것을 알아채고 인식을 전환하는 게 중요합니다.

1만5,000명의 부모를 상담하며 느낀 게 있습니다. 성실한 부모일수록, 교육열이 높을수록, 아이와 애착이 잘 형성돼 있을수록, 아이의 성장 과정에 따른 인식 전환을 어려워한다는 것입니다.

성실한 부모는 아이를 옆에서 잘 챙기며 하루를 열심히 살아갑니다. 가까운 거리에서 관찰하며 부족한 부분에 도움을 줍니다. 식사와 간식을 챙기고, 숙제를 함께 풀고, 일정표를 짜고, 학원에 보내고, 친구 관계를 살핍니다. 아이의 스트레스를 미리 파악해 문제를 예방하기도 합니다.

그런데 아이가 성장해 나가면서 스스로 판단하지 못하고 작은 일에도 의존하려 들면, 그제야 부모는 당황합니다. ‘왜 이렇게 주도성이 없지?’, ‘자립심은 어떻게 키워야 하지?’ 하고요. 심지어 스스로 진로를 결정해야 하는 순간에도 “하고 싶은 게 없어요”라고 말하는 의욕 없는 아이를 보며, 그제야 뭐가 잘못된 건지 찾으려 합니다.

어쩌면 아이의 자립을 막은 것은 무관심한 부모가 아니라, 너무 성실한 부모인지도 모릅니다. 아이가 어릴 땐 부모의 성실이 돌봄이고 도움이지만, 어느 순간 통제와 간섭이 되어버릴 수 있습니다. 시기에 맞지 않은 부모의 '과잉 성실'은 아이의 성장 반경을 넓히지 못하게 가로막는 장애물이 됩니다.

아이의 자립심은 이렇게 꺾인다

아주 흔하게 겪을 수 있는 일상적 상황인데요. 아이가 준비물을 놓칠 때, 숙제를 미룰 때, 친구와 갈등이 생겼을 때 부모로서 어떻게 해결하고 계신가요?

상황	부모의 행동	아이의 학습
준비물을 놓침	부모가 대신 챙겨줌	'잊어도 누군가 채워준다'
숙제를 미룸	부모가 옆에서 재촉함	'외부의 압박이 있어야 움직인다'
친구와 갈등 상황	부모가 중재·설명함	'내가 말로 해결할 필요가 없다'

이런 상황이 반복되면 아이는 대응력이 약해집니다. 문제를 해결하는 대신, 문제가 해결될 때까지 기다리는 무력한 존재가 되어버리지요.

물론 아이는 부모로부터 시작된 존재이고, 정서적으로

이어져 있습니다. 아이를 지키는 일은 부모에겐 생물학적 본능이기도 합니다. 이것을 부인할 순 없습니다. 또 사회가 요구하는 좋은 부모의 모습에 맞게 최선을 다하는 것이 잘못된 일은 아닙니다.

하지만 아이가 스스로 판단하고 행동하기 전에, 바로 옆에서 미리 혹은 즉각적으로 돕는 습관은 결과적으로 아이의 자립심을 꺾어버릴 수 있습니다. 아이가 실수하고 실패하며 배워나갈 기회를 부모가 빼앗아버린 셈이지요. 아이로서도 매번 결론이 정해진 상황을 애써 바꾸려 하지 않는 게 당연합니다.

혼자 선택하고 시도할 기회를 충분히 갖지 못한 아이는 '굳이 내가 나서서 할 이유가 없어', '내가 하는 것보다 부모가 하는 게 더 정확해', '실수하면 혼나니까 그냥 가만히 있자'라고 생각하게 됩니다.

교육심리학 연구가 공통적으로 밝혀낸 사실은 '부모가 대신 해결해 주는 횟수가 많을수록, 아이의 문제 해결 능력과 회복 탄력성이 현저히 낮아진다'는 것입니다. 지속적인 과잉 개입은 아이 자신을 무능력하다고 생각하게 만듭니다.

여기서 문제는 아이의 능력이 진짜 부족한 것이 아니라, 부모가 부족하다고 인식하는 것입니다. "아이가 아직 서툰데 어떻게 보고만 있나요?” 하고 되묻는 부모에게는 이렇게 말씀드립니다. 설사 경험이 부족해 아직 여러 면에서 서툴다면, ‘실패한 것이 아니라 성장하고 있다’는 신호라고요. 아이에게 필요한 것은 늘 부족하지 않게 채워주는 손길이 아니라, ‘어떻게 해야 채울 수 있을까?’를 스스로 고민하고 행동하는 시간입니다.

인식 전환의 첫걸음은 부모가 아이를 독립된 존재로 인정하는 것입니다. 부모와 자녀는 서로 다른 두 사람이며, 별개의 인격체입니다. 아이는 아이만의 기준과 가치관이 있습니다. 아무리 부모라 해도 엄연히 타인이고, 타인을 바꿀 수 없다는 사실을 먼저 받아들여야 합니다.

부모의 성실을 건강한 방향으로 전환하기 위해서는 ‘도와주지 않기’가 아니라, ‘부족함을 허용하기’로 방향을 잡는 게 좋습니다. 부모가 한발 물러서 아이의 미숙함을 허용하고 실수할 틈을 줄 때, 비로소 아이는 자기 삶의 주인이 되는 연습을 시작합니다.

부모의 역할은 환경 조성가

" '통제형 부모'는 '의존형 아이'를 만들고, '방목형 부모'는 '자립형 아이'를 키울 수 있습니다. 어떤 아이로 성장하게 될지 부모가 조성하는 환경에 달렸다고 해도 과언이 아닙니다. 기후가 식물의 형태를 만들고 성장을 돕는 것처럼, 환경은 아이의 성향과 행동 방식을 자연스럽게 바꿉니다."

아이의 자립심은 하루아침에 완성되지 않습니다. 아주 작은 경험들이 반복되고 축적되면서 서서히 자라나는 힘입니다. 그래서 '부모의 태도'는 단순히 양육 방식에 그치지 않고, 아이가 숨 쉬고 생각하고 행동하는 '환경 그 자체'가 됩니다.

부모가 어떤 말투로 반응하고, 어떤 선택을 허용하며, 어떤 실수를 기다려주는지가 아이에게 일상의 기후가 되는 셈입니다. 기후가 식물의 형태를 만들고 성장을 돕는 것처럼 환경은 아이의 성향과 행동 방식을 자연스럽게 바꿉니다.

통제형 부모 vs 방목형 부모

여기에는 두 가지 길이 존재합니다. 아이가 성장할수록 더 많은 규칙을 쌓아 올리며 통제를 강화하는 부모가 있는가 하면, 아이가 커가면서 점차 스스로 판단할 기회를 주며 신뢰를 넓히는 부모도 있습니다.

처음에는 두 가정 모두 안전을 챙기고, 기본적인 루틴을 마련해 주는 비슷한 환경에서 출발합니다. 그러나 시간이 흐를수록 두 환경의 차이는 서서히 벌어집니다. 통제적 태도의 부모는 아이의 주도성을 서서히 갉아먹는 반면, 신뢰를 가진 부모는 아이의 주도성을 단단하게 키워갑니다. 이 격차는 초등 고학년, 중학생, 그리고 청소년기로 갈수록 더욱 확연해집니다.

통제형 환경에서 자란 아이는 새로운 상황을 스스로 판단하기보다 지시를 기다리고 실패를 지나치게 두려워합니다. 반대로 신뢰 기반의 방목형 환경에서 자란 아이는 스스로 해보려는 마음이 자연스럽게 생기고, 문제를 해결하는 과정에서 자신감과 책임감을 가지게 됩니다.

이처럼 '통제형 부모'는 '의존형 아이'를 만들고, '방목형 부모'는 '자립형 아이'를 키울 수 있습니다. 어떤 아이로 성장하게 될지 부모가 조성하는 환경에 달렸다고 해도 과언이 아닙니다.

여기서 오해하기 쉬운 것이 '방목'의 의미인데요. 방목은 아이를 방치하거나 방임하는 것이 아닙니다. 최소한의 울타리를 쳐주고 그 안에서 자유롭게 행동하고 성장할 수 있는 환경을 만들어주는 것입니다.

통제형 환경은 단기적으로 안정적으로 보이지만, 장기적으로 아이의 주도성을 약하게 만듭니다. 방목형 환경은 단기적으로 불안해 보일 수 있지만, 결국 아이를 자립형 인간으로 성장시키는 토양이 됩니다. 부모가 한발 물러서 아이의 공간을 만들어주는 순간, 아이는 비로소 한발 앞으로 내딛기 시작한다는 사실을 기억하세요.

진짜 신뢰는
불안해도 기다리는 마음

반박할 여지 없이 부모는 아이를 사랑합니다. 하지만 모든 사랑이 성장으로 이어지는 것은 아닙니다. 부모의 사랑이 진정 아이를 위한 것이 되려면, 차츰 손을 놓아주는 과정이 반드시 필요합니다.

그런데 이 과정이 생각처럼 쉽지 않다고 많은 부모들이 말합니다. 여기에는 몇 가지 이유가 있는데요. 부모는 아이를 지키는 일을 본능적으로 중요하게 여깁니다. 사실 아이의 위험, 실패, 실수를 막아내는 것은 원시 시대부터 이어져 온 생존 전략입니다.

아이를 자유롭게 내버려둔다는 것이 사회적으로 무책임하거나 게으른 것으로 비치기도 합니다. 굳이 말로 표현하지 않더라도 '좋은 부모라면 관리가 철저해야 해'라는 암묵적 기준과 사회적 압력이 존재합니다.

아이를 통제하는 또 다른 이유는 심리적 동일시입니다. 부모가 아이를 심리적으로 분리하지 못한 채 자신의 결핍을 아이에게 투사하는 경우입니다. 은연중에 '내가 못 한 것을 아이가 해주길' 바라며 대리 인생의 짐을 지웁니다.

심화된 경쟁도 아이의 손을 놓지 못하게 만듭니다. '지금 빨리 하지 않으면 우리 아이만 뒤처질 것 같은데…' 하는 현대 사회의 불안이 아이에게 전가되는 것이지요.

아이에게 주도권을 주기 위해 가장 먼저 넘어야 할 벽은 부모의 불안입니다. 대부분의 부모는 자립이 중요하다는 사실을 머리로는 알고 있습니다. 하지만 막상 아이가 무언가 선택하고 시도하려고 하면, 어김없이 그 마음이 흔들립니다.

'이 길이 정말 맞을까?'
'실패하면 어쩌지?'
'내가 조금만 도와주면 완벽할 텐데….'

사실 부모의 불안은 '내가 개입하지 않으면 엉망이 될 것 같다'는 통제감 상실에 대한 두려움입니다. 또 '실패했을 때 아이가 감당할 수 있을까?' 하는 상처받을 아이에 대한 연민입니다. 하지만 이 감정을 부모가 대신 감당할 때마다 아이는 '혼자서는 안 되겠구나' 하는 무의식적 학습을 반복합니다. 불안을 없애려는 부모의 사랑이 장기적으로 아이를 더 불안하게 만드는 셈입니다.

부모의 불안 문제로 상담을 요청할 때 제가 하는 말이 있습니다.

"불안을 없애려고 하지 마세요. 진짜 신뢰는 불안해도 기다릴 수 있는 마음입니다."

아이에 대한 신뢰는 불안이 사라지고 걱정이 없는 상태가 아닙니다. 아이의 시행착오를 관찰자 시선으로 바라볼 수 있는 여유입니다. 이런 여유는 결과보다 과정을 존중하는 태도로 이어집니다.

자립형 아이는 무엇이 다를까

"자립형 아이는 의존형 아이와 무엇이 다를까요? 이 질문에 답하는 것은 내 아이를 '의존적' 혹은 '자립적'이라고 이분법적으로 규정하려는 것이 아닙니다. 사실 100% 자립형 아이도 없고, 100% 의존형 아이도 없습니다. 아이의 성향을 정확히 파악해 부모가 무엇을 어떻게 돕고, 어디서 한발 물러서야 하는지를 알기 위해서입니다."

아이의 자립심을 키우려는 이유는 단순히 '스스로 하게 만들기 위해서'만은 아닙니다. 아이가 성장 과정에서 부딪히는 크고 작은 문제를 스스로 해결하는 경험을 통해 자신감과 회복 탄력성을 갖기 위해서입니다.

오늘은 신발을 신는 데 5분이 더 걸릴지라도 그 경험이 쌓이면 새로운 상황에 덜 위축되고, 실패를 두려워하지 않으며, 도움을 요청해야 할 때와 스스로 할 수 있을 때를 구분할 줄 아는 사람이 됩니다. 결국 자립심은 아이가 성인이 되었을 때까지 이어지는 삶의 기본기이자, 변화 많은 세상을 살아가는 데 꼭 필요한 핵심 역량입니다.

부모가 자립을 돕는다는 것은 아이를 혼자 두겠다는 뜻이 아니라, 아이가 자기 삶의 조종석에 앉을 수 있도록 조용히 뒤에서 힘을 실어주는 일입니다.

자립형 아이 vs 의존형 아이

자립형 아이는 의존형 아이와 무엇이 다를까요? 이 둘의 차이는 '스스로 할 수 있는 능력의 유무'를 물론 포함하지만, 더 깊게 들어가 보면 '문제를 해결하는 태도', '세상을 대하는 마음가짐', '자신을 믿는 방식'이 서로 다르게 형성된다는 뜻이기도 합니다.

자립형 아이는 문제가 생기면 일단 시도부터 해보려는 습관이 있습니다. 완벽하지 않아도 괜찮다는 경험이 누적되어 '일단 해보는 것'이 자연스러운 선택이 됩니다. 반면 의존형 아이는 누군가가 알려주거나 대신해 줄 때까지 기다리는 경우가 많습니다. 작은 문제도 "이거 어떻게 해?"라는 말로 시작하는 이유는 스스로 해봐도 괜찮다는 경험이 부족하기 때문입니다.

자립형 아이에게 '실수'는 시도하는 과정에서 생기는 사건일 뿐입니다. 부모가 실수를 용인하는 환경에서 자랐기 때문에, 실패가 두렵지만은 않습니다. 반면 의존형 아이에게 실수는 자신감에 타격을 주는 위험 신호입니다. 누군가의 지시를 따라야 덜 틀린다는 믿음이 생기기 때문에, 새로운 선택을 꺼리게 됩니다.

자립형 아이는 자신의 욕구, 기분, 상황을 고려해 작은 선택도 스스로 결정해 본 경험이 많습니다. 예를 들어 '먼저 숙제하고 놀까?', '아니면 놀고 나중에 할까?' 중에서 경험상 좀 더 효율이 높은 쪽을 선택합니다. 이런 선택을 반복하다 보면 자기 삶의 핸들을 잡는 감각이 자연스럽게 형성됩니다.

반대로 의존형 아이는 선택권이 주어져도 오히려 불안해합니다. 그래서 "아무거나 괜찮아요", "그냥 엄마가 골라줘" 이렇게 말하는 것이죠. 이런 반응이 잦은 이유는 잘못 선택하면 안 된다는 무의식적 긴장이 깔려 있기 때문입니다.

의존형 아이는 외부에서 주어지는 지시나 과제에 익숙한 편입니다. 그래서 '해야 한다'는 신호가 있어야 행동이 시작됩니다. 반면 자립형 아이는 하고 싶은 것, 궁금한 것, 해결하고 싶은 과제가 자연스럽게 떠오르고, 내적 동기가 행동의 출발점이 되는 경우가 많습니다.

자립형 아이는 처음 가는 장소나 새로운 활동에서도 먼저 둘러보고 필요한 정보를 찾아보는 경우가 많습니다. 아이 스스로 환경을 탐색하고 적응해 본 경험이 자기 효능감을 높이고 행동하게 만듭니다. 의존형 아이는 새로운 상황에서 위축되거나 "이러면 돼?" 하고 확인을 반복합니다. 부모의 안내가 익숙한 환경에서는 안정적이지만, 독립적인 상황에서는 긴장감이 높아지는 특징이 있습니다.

자립형 아이의 자존감은 자기 경험에 기반한 자신감입니다. 작은 성공과 작은 실패를 통해 '해도 된다', '해볼 수 있다'는 마음가짐이 단단해집니다. 한편 의존형 아이의 자존감은 타인의 반응이나 평가에 크게 의존합니다. 긍정적 피드백이 없으면 행동을 지속하기 어려워지고, 자기 판단보다는 외부의 기준에 따라 움직일 때가 많습니다.

자립형 아이는 부모를 '조력자'로 인식합니다. 어려움이 있을 때 도움을 요청하되, 평소에는 자신이 주도권을 쥡니다. 의존형 아이는 부모를 '해결자'로 생각합니다. 도움 요청의 차원이 아니라 당연히 해달라는 요구가 많아지고, 부모의 개입이 없으면 일상이 원활히 돌아가지 않습니다.

	자립형 아이	의존형 아이
문제 상황	일단 시도해 보는 편	누군가 해결해 주길 기다림
실수 인식	과정의 일부	위험·두려움
선택 상황	스스로 결정함	선택을 회피하거나 타인에게 맡김
동기	내적 동기 중심	외적 지시 중심
새로운 환경	스스로 탐색	안내를 필요로 함
자존감	자기 경험과 성취	타인의 칭찬과 평가
부모 역할 인식	조력자	해결자

100% 자립형도, 100% 의존형도 없다

하지만 이 두 차이를 알아본 것은 단순히 아이를 '의존적' 혹은 '자립적'이라고 이분법적으로 규정하려는 것이 아닙니다.

사실 100% 자립형 아이도 없고, 100% 의존형 아이도 없습니다. 다만, 각각의 세부적 특징을 알면, 현재 아이의 수준을 진단하는 체크리스트가 될 수 있습니다. 아이의 성향을 정확히 파악해 부모가 무엇을 어떻게 돕고, 어디서 한발 물러서야 하는지를 알 수 있는 힌트가 됩니다.

예를 들면 아이의 행동에 대해 이렇게 인식할 수 있습니다. 아이의 특정 행동을 단순한 '버릇', '게으름', '고집' 등으로 보지 않고, 어떤 부분의 자립이 부족한지 인식할 수 있게 되는 것이죠.

1) 스스로 옷을 고르지 못한다 → 선택 자립의 부족

2) 새로운 장소에 가면 불안해한다 → 환경 적응 자립의 부족

3) 실수하면 금방 움츠러든다 → 정서 자립의 부족

아이마다 필요한 울타리의 폭이 다릅니다. 그래서 이렇게 세부적으로 나누어 보면 양육 방식, 즉 아이에게 제공할 환경과 그 시기를 더 적절하게 조정할 수 있습니다. 자립이라는 목표 아래 부모가 조금 더 효율적으로 움직일 수 있게 됩니다.

환경 전환이 필요한 결정적 시기

"아이가 독립적 존재로 성장하려면, 점진적으로 성장 단계에 맞는 육아 환경이 제공되어야 합니다. 가장 적절한 시기에 '동물원형', '목장형', '사바나형'을 단계별로 경험해야 합니다. 당신은 현재 어떤 환경에서 자녀를 키우고 있나요?"

"너는 아직 어려서 몰라."

"내가 다 겪어봐서 하는 말이야."

"나중에 고맙다고 할걸."

혹시 자녀에게 이렇게 말한 적이 있나요? 이 말들 속에 아이를 향한 애정이 있지만, 동시에 '너는 아직 스스로 판단할 수 없는 존재'라는 부모의 인식이 깔려 있습니다.

당신은 현재 어떤 환경에서 자녀를 키우고 있나요? 그리고 아이가 성장한 후에는 어떤 환경에서 살아가길 바라나요?

방목 육아의 3단계 환경

아이가 독립적 존재로 성장하려면, 점진적으로 성장 단계에 맞는 육아 환경이 제공되어야 합니다. 환경 전환의 적절한 시기를 가늠하기 어렵다면, 좀 더 이해하기 쉬운 예를 들어보려고 합니다. 다음의 3단계 육아 환경이 있다고 가정해 보겠습니다.

1) 동물원형 : 아무것도 하지 않아도 먹이를 받을 수 있지만,

자유가 없는 좁은 공간에서만 살아야 하는 환경

2) 목장형 : 낮에는 초원에서 자유롭게 행동하고, 밤에는 안전한

우리에서 잠자며 먹이를 얻는 환경

3) 사바나형 : 어디든 갈 수 있는 자유가 있지만, 스스로 위험에서

몸을 지켜야 하고, 물과 먹이를 찾아내며 살아가야 하는 환경

이 3단계의 육아 환경을 적절한 시기에 차례로 경험하는 것이 가장 이상적인 모델입니다. 아이의 자립을 돕는 과정은 '동물원형', '목장형', '사바나형'의 환경을 순차적으로 제공하며, 아이 스스로 적응하고 성장할 수 있게 살피는 일입니다. 이것이 바로 '방목 육아'의 기본 환경이자 수순입니다.

시기를 놓치면 어려워진다

많은 경우 '동물원형'에서 키우다가 '목장형'으로, 또 '목장형'에서 '사바나형'으로 자연스럽게 환경을 전환하지 못합니다. 아이에게 적절한 시기를 놓치거나, 부모가 인식 전환에 실패한 경우입니다. 무엇보다 시기를 놓치면 어려워집니다.

첫 번째 전환기는 늦어도 초등 저학년에 이루어지는 게

좋습니다. 이때 '목장형'으로 전환하지 못하고 아이를 좁은 틀 안에 가두어 버린다면, 아이의 자립심은 기초부터 허물어지고 맙니다. 아이의 자율성을 존중하고 스스로 판단하고 선택하며 자유롭게 놀 수 있는 시간을 충분히 주어야 합니다.

그러나 부모가 아이의 일정을 공부와 학원으로 가득 채우거나, 놀이의 내용과 방법까지 모두 정해주는 경우가 있습니다. 이런 상태가 계속되면 초등학교 저학년이 지나고 심지어 고학년이 되어서도 아이의 자유로운 행동 범위가 넓어지지 않을 수 있습니다.

아이가 초등학교 졸업 후 중학교 입학을 준비할 때도 점검이 필요합니다. 이 시기가 되면 부모의 시야 밖에서 행동하고 판단하게 되는 경우가 많아집니다. 이미 아이의 환경을 '목장형'으로 전환하여 행동 범위가 자연스럽게 넓어진 경우에는 큰 문제 없이 적응할 수 있겠지만, 전환에 실패하여 여전히 '동물원형'에 머물고 있다면 여러 문제가 생기기 시작합니다.

아이에게 차츰 주도권을 넘겨준 부모는 목장의 울타리를 점차 넓혀주며 '자기 일은 스스로 해결한다'라는 마인드를 심어줍니다. 또 옳고 그름의 판단, 위험을 피하는 방법을 스스로 터득하도록 유도합니다. 하지만 '내가 보고 있지 않으면 불안하다', '아이의 행동을 모두 파악해야 마음이 놓인다'라고 생각하는 부모는, 울타리를 넓혀 아이를 방목하지 못하고 오히려 부모가 감시하는 좁은 틀로 다시 끌어들이곤 합니다.

이런 부모는 자녀의 미래를 지나치게 염려하며, 아이의 단점이나 약점을 계속해서 지적하고, 자신이 원하는 대로 되지 않으면 아이의 행동 범위를 제한하려는 경향이 있습니다. 반대로, 가르쳐야 할 것을 가르치지 않은 채 아이의 행동을 전혀 신경 쓰지 않고 완전히 방치하는 부모도 있습니다. 이런 경우는 아이가 언제 위험한 상황에 놓일지 모르는 문제가 생길 수 있습니다.

드물지만, 중학생 즈음부터 미래의 꿈을 향해 스스로 '사바나'로 나아가는 조숙한 아이들도 있습니다. 어린 시절부터 스스로 코딩을 배워 창업의 길로 나아간 일론 머스크나, 10대 초반에 자신의 음악으로 세계적 성공을 거둔 빌리 아일리시 같은 인물이 이 사례에 해당합니다.

이처럼 성장 단계의 전환을 매끄럽고 원활하게 하는 일은 결코 쉽지 않습니다. 이제부터는 '동물원형', '목장형', '사바나형' 각 단계의 특징과 부모가 어떤 방식으로 관여해야 하는지를 함께 살펴보겠습니다.

1단계 의존기
: 동물원 환경

대부분의 일상이 부모의 보호 아래 있는 영아기와 유아기

"동물원은 아기 동물에게는 안전하고 안심할 수 있는 최적의 환경입니다. 그러나 성장한 후에도 자유가 없고, 먹고 자며 무료한 시간을 보내는 삶이 이어집니다. 동물원 환경이 필요한 시기가 분명히 있습니다. 하지만 동물원은 부모가 권력을 휘두르며 아이를 통제하기 쉬운 환경이기도 합니다."

　동물원의 동물들은 어떻게 자랄까요? 원래는 사냥을 통해 먹이를 잡아야 하는 사자나, 풀을 찾아 무리를 지어 이동하는 코끼리와 기린도 동물원에서는 아무것도 하지 않아도 먹이를 얻습니다. 매일 정해진 공간에서 지내기 때문에 점차 야생의 본능은 약해집니다. 청소와 건강 관리를 받으며 안전하게 살 수 있지만, 한 마리이거나 많아야 몇 마리의 동료와 평생을 함께하기 때문에 자극이 부족합니다.

　동물원은 아기 동물에게는 안전하고 안심할 수 있는 최적의 환경입니다. 그러나 성장한 후에도 자유가 없고, 먹고 자며 무료한 시간을 보내는 삶이 이어집니다. 매일 같은 일상을 반복하다가 결국 지루한 삶으로 끝나게 됩니다.

　인간의 경우, 태어나서 약 2세까지는 스스로 할 수 있는 일이 거의 없습니다. 이 시기에는 정해진 시간에 음식을 먹고, 몸을 씻겨주며, 잠을 재워주는 등 대부분의 일을 부모가 도와줍니다. 옷을 입거나 유모차에 태워 이동하는 등 모든 활동이 부모의 손을 거치며 아이의 행동은 자연스럽게 제한됩니다. 또 어린이집이나 유치원에 들어가기 전까지는 친구들과 교류할 기회가 많지 않고, 대체로 가족과 일상적인 루틴을 반복하는 생활을 하게 됩니다.

목장으로 나갈 준비 기간

동물원 환경에서는 부모가 모든 것을 자신의 판단으로 관리하며 아이를 키웁니다. 아무것도 할 수 없는 영아기 시절에는 24시간 부모의 보살핌을 받으며, 의식주 모든 면에서 안전하므로 불안을 느낄 일이 없습니다. 배가 고프거나 졸릴 때 울거나 보채도 부모가 바로 달래주면 아이는 금세 만족합니다.

이 시기의 행동 범위는 대부분 집 안에 머무르며, 부모가 곁에 있어 안전이 보장되기 때문에 불안이나 스트레스가 적은 환경에서 자랄 수 있습니다. 그만큼 아이의 마음도 안정됩니다.

이후 아이가 혼자 놀기 시작하면, 목장 환경이 서서히 도입되어야 합니다. 이때 부모의 태도가 매우 중요합니다. 아이를 한 사람의 독립된 인간으로 존중하며, 어떤 일을 할 때마다 "어떤 게 좋을까?", "무엇을 하고 싶니?"라고 질문하면, 아이는 스스로 생각하는 습관을 기르게 됩니다.

부모 역시 이 시기에 아이가 좋아하는 것과 싫어하는 것을 알게 됩니다. 아이의 흥미를 존중하고 좋아하는 일을 할 수 있도록 독려하면 집중력을 키울 수 있습니다. 또 아이의 행동을 세심하게 관찰하고, 잘한 일을 바로 칭찬해 주면 아이는 자신감을 얻게 됩니다.

예를 들어, 혼자 걸었을 때나 밥을 흘리지 않고 잘 먹었을 때, 젓가락을 잡을 수 있게 되었을 때, 기저귀를 뗐을 때 등 성장의 이정표마다 칭찬의 순간은 많습니다. 성격 면에서도 자신의 속도대로 하는 아이, 적극적으로 의사를 표현하는 아이 등 각자 다른 점을 가지고 있지만, 그대로 인정하고 장점으로 칭찬하면 자존감이 자랍니다. 이런 작은 경험들이 쌓여 결국 아이가 넓은 목장으로 나갈 때 큰 자신감이 되고, 자립심의 근간이 됩니다.

동물원 환경의 장점

1. 모든 것이 안전하고 불안이 없는 환경

2. 위험 요소나 스트레스가 없는 생활

3. 마음의 안정이 유지되는 시기

부모의 영향력이 절대적이다

동물원 환경에서는 좋든 나쁘든 아이는 부모의 영향을 100% 받습니다. 이 영향이 아이의 개성을 해치지 않는다면 문제가 없습니다. 하지만 '이런 아이로 자랐으면 좋겠다'라는 부모의 이상을 일방적으로 강요하면, 기대에 어긋나는 아이의 단점만 눈에 띄게 되고 여러 문제가 생길 수 있습니다.

이를 동물에 비유하자면, 태생적으로 온순하고 부드러운 초식 동물로 태어난 아이를 부모가 억지로 육식 동물로 길러 백수의 왕으로 만들려 하는 것과 같습니다. 아이는 친구들과 초원을 뛰어다니며 풀을 뜯고 싶어 하지만, 부모는 억지로 고기를 먹이고 사냥법을 가르치려 드는 모습입니다. 그 반대의 경우도 마찬가지입니다.

부모가 아이를 위해서라고 생각하며, 아이가 싫어하는 것을 억지로 가르치려 해도 싫어하는 일은 여전히 싫고, 어려운 일은 여전히 어렵습니다. 그런데도 부모는 아이를 자신의 뜻대로 키우고 싶어서 "왜 못하니!", "왜 이걸 이해 못 해?"라며 꾸짖거나 화를 내고, 때로는 위협하기도 합니다. 이뿐만 아니라 "또 틀렸어?", "이것도 못 하면 나중에 큰일 나!"라며 아이의 약점을 반복적으로 지적하며 협박하거나 말로 공격하기도 합니다.

이런 일이 계속되면 아이는 자신감과 의욕을 잃고 자존감도 무너지게 됩니다. 완전히 자신감을 상실한 아이에게 "공부해라"라는 말은 고문처럼 느껴질 뿐입니다.

물론 동물원 환경이 필요한 시기가 분명히 있습니다. 하지만 동물원은 부모가 권력을 휘두르며 아이를 통제하기 쉬운 환경이기도 합니다. 적절한 시기에 환경이 바뀌지 않으면, 아이는 스스로 생각하고 판단하는 능력을 잃을 수 있습니다.

동물원 환경의 주의점

1. 좋건 나쁘건 부모의 영향을 100% 받는다

2. 초식 동물을 육식 동물로 기르려 해서는 안 된다

3. 적절한 시기에 환경을 바꾸지 않으면 의욕을 잃을 수 있다

2단계 공존기
: 목장 환경

자유로운 행동과 집단 활동이 늘어나는 아동기와 청소년기

"목장에서 길러지는 소나 양은 울타리로 둘러싸인 초원에서 방목되어 자유롭게 움직이며 먹고 싶은 풀을 뜯습니다. 생활과 정서 면에서 가족의 지원을 받으면서 자립을 위한 훈련을 할 수 있는 시기입니다. 부모 역시 이 시기에 자신의 삶을 다시 정비하며 아이와 거리두기를 연습하면 좋습니다."

목장의 동물들은 어떻게 자랄까요? 목장에서 길러지는 소나 양은 지붕이 있는 공간에서 잠을 자고, 먹이를 받아먹고, 청소와 관리까지 돌봄을 제공받습니다. 낮에는 울타리로 둘러싸인 초원에서 방목되어 자유롭게 움직이며 먹고 싶은 풀을 뜯습니다.

목장의 규모는 다양합니다. 작은 정원만 한 곳도 있고, 사파리 파크처럼 드넓은 초원도 있습니다. 동물들은 자유롭게 뛰놀며 멀리까지 나아가 보지만, 결국 보이지 않던 울타리가 있었다는 사실을 깨닫게 됩니다.

아이의 행동 범위가 넓어지는 시기

사람도 마찬가지입니다. 식사나 옷 입기 같은 일을 스스로 할 수 있게 되고, 생각이나 감정을 표현하거나 자유롭게 행동할 수 있는 시간이 점차 늘어나기 시작합니다. 이처럼 아이의 행동 범위가 넓어지지만, 여전히 주의를 기울여야 하는 시기입니다.

이 시기에는 부모, 형제·자매, 선생님 등 어른들이 항상 지켜보며, 안전한 환경에서 활동할 수 있도록 해야 합니다.

초등학교에 들어가면 부모의 시야를 벗어나 선생님이나 친구들과 함께 보내는 시간이 점점 많아집니다. 중학생, 고등학생이 되면 친구들과 어울리는 시간이 크게 늘지만, 여전히 식사나 수면 같은 기본적인 생활 기반은 가정에 머무릅니다.

대학생이 되면 아르바이트를 하거나 혼자 사는 생활을 시작하는 경우가 많아집니다. 부모가 모든 것을 파악하기 어려울 정도로 아이의 세계가 확장됩니다. 학비나 생활비 등 경제적인 지원이 여전히 필요할 수 있지만, 아이는 부모에게 의지하는 시간은 점점 줄어들게 됩니다.

기관에서의 단체 생활이 시작되고 가정 밖에서 보내는 시간이 늘어나면, 아이는 다양한 사람들과 만나고 교류하게 됩니다. 또래 친구들과 놀면서 서서히 소통하는 법을 배우기 시작하는데요. 초등학교 저학년 시기까지는 자신의 감정과 생각을 제대로 표현하지 못해 친구들과 다투는 일도 있습니다. 이러한 경험을 통해 아이는 해서는 안 되는 행동이나 말을 배우고, 인간관계를 익히며 도덕성과 사회성을 키워갑니다.

새로운 경험을 할 때마다 아이는 자극을 받고, 호기심과 흥미의 대상이 점점 늘어나며 세상이 넓어집니다. 초등학생 시기에는 주로 눈앞의 일에 집중하지만, 중학생 무렵부터는 미래를 준비하거나 장래에 대해 고민하는 아이들도 생깁니다. 고등학생이나 대학생이 되면 자신이 해야 할 일과 하고 싶은 일을 스스로 생각하며, 부모의 잔소리가 없어도 공부나 동아리 활동 같은 목표를 위해 노력하게 됩니다.

그럼에도 여전히 부모의 존재는 든든한 버팀목이 됩니다. 가정이라는 안전한 기반이 있기에 아이는 안심하고 자신이 원하는 일에 몰두할 수 있습니다.

이처럼 생활과 정서 면에서 가족의 지원을 받으면서 자립을 위한 훈련을 할 수 있다는 점이 목장형 시기의 가장 큰 장점입니다. 부모 역시 이 시기에 자신의 삶을 다시 정비하며 아이와 거리두기를 연습하면 좋습니다.

목장 환경의 장점

1. 인간관계를 배우며 도덕성과 사회성을 익혀간다

2. 호기심과 흥미의 대상이 점점 넓어진다

3. 가족의 지원을 받으며 자립 훈련을 할 수 있다

스스로 결정하는
훈련이 필요하다

아이가 단체생활을 시작하면, 부모는 다른 아이와 비교하게 되는 경우가 생깁니다. 아이 역시 다른 사람과 자신이 다르다는 점을 인식하게 되지만, 장점을 칭찬받으며 자란 아이는 '남은 남, 나는 나'라는 것을 받아들이며 크게 신경 쓰지 않습니다. 반면, 부모가 "○○는 발레를 잘하는데, 너는 왜 못하니?", "○○는 스스로 공부한다는데, 너는 왜 그렇지 않지?"라는 말을 반복하면, 그때부터 불행이 시작됩니다.

부모가 다른 아이를 보며 느낀 질투나 부러움을 자신의 아이에게 화풀이하듯 표현하거나 무시하는 경우도 적지 않습니다. 간혹 어떤 부모는 '다른 아이와 비교하면 자극을 받아서 경쟁심이 생길 거야'라고 생각하지만, 이는 큰 착각입니다.

비교 속에서 자란 아이는 '나는 뭘 해도 안 돼', '내가 한다고 잘되겠어?'라는 생각에서 벗어나기 쉽지 않습니다. 자신감과 의욕을 잃고, 자존감이 낮아집니다. 이런 상황에서는 아이가 스스로 자신의 길을 고민하고, 필요한 공부를 찾아서 하거나 준비하는 것은 현실적으로 어렵습니다.

부모가 아이에게 평균 이상을 요구하며 지속적으로 비교하면, 결국 부모와 아이의 갈등은 깊어질 수밖에 없습니다. 그런데도 부모 자신의 태도가 원인이라는 것을 깨닫지 못하고, 그저 "아이를 어떻게 대해야 할지 모르겠어요"라고 말합니다. 이러한 상황은 중학생 시기에 급격히 늘어납니다.

게다가 아이가 고등학생이나 대학생이 된 후에도 부모가 체면이나 사회적 시선을 이유로 진로와 취업을 대신 결정하려 든다면, 부모와 아이의 관계는 다시 '동물원형'으로 퇴행하는 셈입니다. 따라서 목장형 시기에 아이가 스스로 선택하고 결정하는 훈련을 하지 못한다면, 최악의 경우 아이는 자립하지 못하는 상황에 이를 수도 있습니다.

다양한 조사에 따르면, 인간의 행복은 소득이나 학력보다 '자기 결정'에서 비롯된다는 사실이 밝혀졌습니다. 원하는 것을 스스로 선택하고, 그 결과를 책임지며, 다시 선택할 수 있다는 순환이 사람에게 안정감과 자존감을 만들어줍니다. 반대로 누군가의 지시에 따라 움직이기만 하면 성취가 있어도 만족감이 낮아지고, 실패했을 때는 쉽게 좌절하거나 남 탓을 하게 됩니다.

심리학에서는 이를 '통제감'이라고 부르는데, 스스로 통제할 수 있다는 감각을 가진 사람일수록 스트레스 회복력과 삶의 만족도가 꾸준히 높습니다.

아이들 역시 마찬가지입니다. 비록 작은 선택이라도 스스로 결정해 본 경험이 많은 아이일수록 자신에 대한 신뢰가 자라고, 새로운 도전에 대한 두려움이 낮아집니다.

따라서 자립을 키운다는 것은 단순히 부모가 덜 도와주는 문제가 아니라, 아이에게 '내가 나를 움직일 수 있다'는 행복의 기초 체력을 길러주는 과정입니다. 부모가 물러설 때 비로소 아이에게 자기 주도적 선택의 기회가 생기고, 그 경험이 장기적 행복의 기반이 됩니다.

목장 환경의 주의점

1. 남과 비교하며 경쟁심을 자극하는 것은 부작용만 키울 뿐이다

2. 스스로 결정하는 훈련을 하지 못하면 '동물원형'으로 퇴행할 수 있다

3. '내가 나를 움직일 수 있다'는 통제감을 가져야 주도적 삶을 시작할 수 있다

3단계 자립기
: 사바나 환경

부모에게서 독립하여 자립적으로 살아가는 사회인

"사바나는 약한 생물이 강한 생물에게 먹히는 세계입니다. 언제 어디서 적에게 습격당할지 모르는 위험 속에서 매일 생존을 위한 싸움을 이어가야 합니다. 그동안 부모에게 의지하던 모든 것을 스스로 해결하는 것은 그야말로 생존 그 자체이지만, 그만큼 아이는 강인하게 성장해 나갑니다."

사바나에서 동물들은 어떻게 살아갈까요? 다양한 동물들이 생존 경쟁을 하며 살아갑니다. 초식 동물 중에는 무리를 지어 생활하는 동물도 있고, 육식 동물 중에는 가족 단위로 움직이는 동물도 있습니다. 혼자서 살아가는 동물도 있으며, 물과 먹이가 있는 안전한 장소를 찾아 이동하는 동물도 있습니다.

사바나는 약한 생물이 강한 생물에게 먹히는 세계입니다. 언제 어디서 적에게 습격당할지 모르는 위험 속에서 매일 생존을 위한 싸움을 이어가야 합니다.

하지만 그 대가로 어디든 원하는 곳으로 자유롭게 갈 수 있는 환경이 주어집니다. 사바나는 누구의 통제도 받지 않지만, 완전한 자유와 함께 스스로를 지켜야 하는 곳입니다. 동물들이 본능을 최대한 발휘하며 살아가는 공간이라 할 수 있습니다.

완전한 자립기, 안식처가 되어주자

인간 사회도 사바나와 마찬가지입니다. 아이가 사회인이 되면 부모와 자녀가 완전히 독립하게 됩니다. 스스로 일해서 수입을 얻고, 살 집과 먹을 것을 자력으로 해결해야 합니다. 부모가 더 이상 아이를 돌보지 않기 때문에, 아이는 자유롭게 자신의 방식으로 살아가는 대신 생계를 유지하고 위험을 스스로 감당해야 합니다.

설령 본가에서 계속 지낸다 하더라도 식비와 생활비를 부담하게 하여 자립을 유도해야 합니다. 고등학교나 대학교에 진학하지 않고 10대부터 사회에 나가 일하기 시작한 경우 역시 사바나 환경에 해당합니다.

사바나에 나가면 부모의 통제를 벗어나 자유도가 크게 높아집니다. 거주할 곳과 먹을 것을 자유롭게 선택할 수 있지만, 생활 자금을 마련하기 위해 직접 일하고 돈을 벌어야 합니다. 직업, 건강, 인간관계, 미래 등 삶의 여러 과제를 스스로 고민하게 되고, 그 과정에서 정보 수집 능력과 사고력이 자랍니다.

그동안 부모에게 의지하던 모든 것을 스스로 해결하는 것은 그야말로 생존 그 자체이지만, 그만큼 아이는 강인하게 성장해 나갑니다. 이때는 부모가 "공부해라"라고 말하지 않아도 스스로 필요한 공부를 합니다. 크리에이터, 예술가, 경영자, 운동선수 등 다양한 분야에서 활약하는 사람들 중에는 일찍이 스스로 사바나에 뛰어드는 경우가 적지 않습니다.

이런 경우라도 미성년 시기에는 부모의 경제적 지원이 필요한 경우가 있습니다. 하지만 그 외의 부분을 스스로 관리할 수 있다면, 자립이라는 육아의 최종 목표가 빠르게 달성됩니다. 물론 처음에는 실패를 경험할 수도 있습니다. 하지만 그 또한 소중한 배움의 기회가 됩니다. 경험이 쌓일수록 생존 능력은 더욱 강화됩니다.

아이가 자신의 삶을 스스로의 힘으로 꾸려가기 시작했다면, 부모는 간섭하거나 개입하지 말고 지켜봐야 합니다. 단, 무언가 문제가 생겼을 때 언제든 돌아올 수 있는 안식처를 마련해 주는 것이 중요합니다.

사바나 환경의 장점

1. 자유도가 크게 높아진다

2. 정보 수집 능력과 사고력이 향상된다

3. 경험이 쌓일수록 생존 능력이 강화된다

무모한 도전은 재고가 필요하다

다만 생활 능력이 부족한 상태에서 아이를 사바나로 내보내는 것은 큰 위험을 동반합니다. 아이가 스스로 살아갈 만큼의 재능을 발견하지 못했거나, 아직 생활 능력이 현저히 부족한 상황에서 혼자 사회로 나서게 하는 것은 무모한 선택이 될 수 있습니다.

특히 미성년자가 뚜렷한 목적 없이 부모를 떠날 경우, 여러 위험이나 각종 범죄에 노출될 위험도 높아집니다. 사기를 당하거나 재산을 빼앗길 수도 있으며, 최악의 경우 생명까지 위협받을 위험도 있습니다. 이를 동물에 비유하자면, 먹이를 찾는 법도, 도망치는 법도 잘 모르는 얼룩말이 육식 동물이 있는 초원에서 길을 잃은 것과 같습니다.

'귀한 자식일수록 여행을 보내라'라는 말이 있지만, 이는 돈, 건강, 인간관계, 경력 이 네 가지를 스스로 관리할 수 있는 능력이 갖춰졌을 때 가능한 이야기입니다. 자기 일을 스스로 처리할 능력이 없는 상태에서 아이를 홀로 여행하게 하는 것은 위험천만한 도박일 뿐입니다.

물론 고등학생 때 자전거나 기차로 전국을 일주하거나, 대학 시절 해외에서 다양한 경험을 한 아이들도 있습니다. 이런 경험이 생존력을 키우고, 이후 강인하게 살아가는 기반이 되기도 합니다. 하지만 이는 어릴 때부터 '자기 일은 자기가 해결한다'는 습관이 철저히 길러진 소수의 사례입니다. 자기 관리 능력이 충분히 갖춰지지 않은 상태에서의 무모한 도전은 신중히 판단해야 합니다.

사바나 환경의 주의점

1. '돈, 건강, 인간관계, 경력'을 스스로 관리할 수 있는지 판단한다

2. 여러 범죄나 위험에 노출될 가능성이 있다

3. 자기 관리 능력이 충분하지 않다면 무모한 도전이 될 수 있다

순차적 자립의
단계별 지향점

"순차적 방목은 아이를 덜 통제하기 위한 체계적인 방법입니다. 3단계를 거치며 통제에서 신뢰로, 간섭에서 관찰로, 지시에서 질문으로 이행하는 것이죠. 무작정 아이에게 완전한 자유를 주는 것이 아니라, 자유의 크기를 아이의 성숙도에 맞춰 점진적으로 확장하는 것이라고 생각하면 됩니다."

많은 부모가 '방목 육아'라는 말을 듣고 불안해합니다. '아이를 내버려두라는 건가?', '그래도 관리는 해야 하지 않나?' 하는 마음을 떨쳐내기 어렵습니다.

하지만 순차적 방목은 아이를 덜 통제하기 위한 체계적인 방법입니다. 3단계를 거치며 통제에서 신뢰로, 간섭에서 관찰로, 지시에서 질문으로 이행하는 것이죠.

이러한 전환이 이루어질 때 비로소 건강한 방목이 가능합니다. 무작정 아이에게 완전한 자유를 주는 것이 아니라, 자유의 크기를 아이의 성숙도에 맞춰 점진적으로 확장하는 것이라고 생각하면 됩니다.

1단계 의존기 :
보호 속의 자율

이 시기의 핵심은 안전한 울타리 안에서 스스로 경험을 시작하는 것입니다. 아이에게 선택권을 조금씩 주되, 그 선택의 결과가 큰 상처로 이어지지 않도록 부모가 울타리를 설정해야 합니다.

부모는 '선택의 폭이 제한된 자유'를 제공해 조금씩 늘려가면 좋습니다. 이런 식의 질문을 자주 하면 좋습니다.

"오늘은 파란 옷 입을래, 노란 옷 입을래?"
"오늘 신발은 흰색 신을까, 검은색 신을까?"
"간식으로 사과 먹을까, 배 먹을까?"

아주 사소한 것부터 아이가 고민해서 선택하게 해보는 겁니다.

또 실수했을 때 즉시 해결해 주지 말고, 아이가 먼저 시도하게 합니다.

"음, 우유를 흘렸네. ○○이가 닦아볼까?"
"블럭이 무너져 버렸네. ○○이는 어떻게 하는 게 좋겠어?"

이 단계의 목적은 '내가 할 수 있다'는 경험의 축적입니다. 부모의 허용과 지지 속에 사고의 힘과 행동 반경이 차츰 넓어져야 할 시기입니다.

특히 무언가 문제가 생겼을 때 부모가 대신 해결해 주는 것이 습관화되지 않도록 주의해야 합니다. 사소한 '문제 해결

연습'과 더불어 '책임감 훈련'을 시작하는 것도 좋습니다. 간단한 집안일이나 자기 물건 정리 등 생활 습관 속의 작은 책임감을 차츰 부여해 보세요.

2단계 공존기 : 신뢰 속의 관찰

부모의 시야는 여전히 아이에게 있지만, 손은 점점 멀어져야 합니다. 이 시기엔 아이의 행동을 통제하기보다 관찰자이자 코치로 존재하는 게 중요합니다.

특히 부모는 감정적으로 개입하지 않고, 상황을 묘사하듯 피드백하면 좋습니다.

"요즘 숙제를 스스로 잘 챙기더라. 네가 정한 계획이 효과가 있었던 것 같아."

칭찬할 때도 결과보다 과정에 중점을 두는 것이 아이의 자신감을 키우는 데 훨씬 효과적입니다. 문제 상황이 생기면, 해결보다 성찰을 유도하는 질문을 던지는 게 좋습니다.

"그 상황에서 다음엔 어떻게 해보면 좋을까?"

만약 어떤 시도가 실패했다 하더라도 과도하게 보호할 필요도, 과대 해석해 비난할 필요도 없습니다. 부모가 대신 나서서 해결하지 않으면, 아이는 가능한 방향으로 재시도하거나 부모에게 도움을 청할 것입니다.

만약 도움을 청한다 해도 문제를 해결할 핵심 키를 단숨에 주지 않는 게 효과적입니다. 이때 도움될 만한 방법이 '문제 나누기 훈련'입니다.

복잡할 것 같은 문제도 가만히 들여다 보면 몇 가지로 분류할 수 있는 경우가 많습니다. 부모는 큰 과제를 몇 가지 미션으로 분류해 주기만 하고, 아이가 하나씩 해결해 볼 수 있게 독려해 주세요. 아이는 어려워 보이는 문제도 하나씩 해결하면 된다는 것을 배우게 됩니다.

이처럼 관찰은 무심한 방치가 아니라, 신뢰의 눈으로 아이를 바라보다가 적절한 도움을 주는 적극적인 태도입니다.

3단계 자립기 : 동행 속의 독립

이 단계는 아이의 삶이 부모의 통제 반경을 벗어나는 시점입니다. 이때 필요한 건 조언보다 존중과 신뢰의 말입니다.

특히 인생의 방향을 부모가 대신 제시하지 않도록 주의합니다. 예를 들면, "넌 그 길이 힘들 거야" 대신 "그 길을 가려는 이유가 궁금해"라고 말하는 게 효과적입니다.

만약 실패했더라도 그 책임을 묻기보다 긍정적인 에너지로 전환할 수 있도록 유도합니다.

"그 선택이 어땠는지 네가 직접 느껴보는 게 중요해."
"이번에 알게 되었으니 다음 선택에 반영하면 되는 거야."

또 부모의 기준으로 평가하지 않으려고 노력해야 합니다.

"네가 중요하게 생각하는 기준은 뭐야?"

이 단계의 목표는 처음부터 완전한 독립이라기보다 내

적 독립입니다. 스스로 판단하고 선택하되, 부모의 신뢰를 기반으로 다시 돌아올 수 있는 관계를 유지하는 것입니다.

이렇게 단계별로 지향점을 잘 숙지하면 어떤 경로로 가게 되더라도 흔들리지 않게 됩니다. 아이의 '성장 곡선'은 부모의 '통제 곡선'과 반비례합니다. 순차적 방목을 잘하려면 사랑의 거리두기를 적절히 잘해야 합니다.

품 안의 아이는 안전하지만, 세상을 배우지 못합니다. 위험을 감수하고 세상을 누빌 수 있어야 성장할 수 있습니다. 이 균형을 잡는 것이 부모의 용기이고, 그 용기가 아이의 자립심을 자라게 합니다.

2장

도와주는 부모에서 물러서는 부모로

: 손을 놓아야 비로소 홀로 선다

3단계 성장의
아홉 가지 경로

"성장의 3단계가 진행되는 아홉 가지 경로를 모두 점검해 보겠습니다. 현재 당신의 육아는 어떤 순서와 방향으로 진행되고 있나요? 이 아홉 가지 경로를 통해 지금의 성장 단계를 점검하고, 앞으로 나아가야 할 방향과 실천 방법을 찾아보길 바랍니다."

성장 단계의 아홉 가지 모델

진행 경로			특징	참고
동물원	동물원	동물원	사회적 지원이 필요	p.76
		목장	성인이 되어서도 부모가 관리	p.77
		사바나	과잉 간섭으로 인한 갑작스러운 자립	p.78
	목장	동물원	문제로 인해 휴식	p.79
		목장	부모에게 계속 의지	p.80
		사바나	**가장 바람직한 이상적인 모델**	p.81
	사바나	동물원	이른 성장 이후 천천히 자립	p.82
		목장	좌절에서 다시 시작하기	p.83
		사바나	특별한 사정이나 천재형으로 인한 초고속 자립	p.84

　'동물원형', '목장형', '사바나형' 육아는 아이가 성인이 될 때까지 아홉 가지 진행 방향으로 구분할 수 있습니다. 이상적인 육아는 아이의 성장에 맞춰 동물원에서 목장으로 방목하고, 자립 훈련을 거친 뒤 사바나로 내보내는 순서입니다.

　그러나 이는 결코 쉬운 일이 아니며, 부모가 자녀와의 분리를 어려워하는 경우가 많습니다. 동물원 시기가 지나치게 길어지거나, 목장에서 사바나로 보내지 못하거나, 아이가 스스로 사바나로 뛰쳐나가는 경우 등 다양한 사정과 사례가 존재합니다.

　이에 따라 성장의 3단계가 진행되는 아홉 가지 경로를 모두 점검해 보겠습니다. 현재 당신의 육아는 어떤 방향으로 진행되고 있나요? 이 아홉 가지 경로를 통해 지금의 성장 단계를 점검하고, 앞으로 나아가야 할 방향과 실천 방법을 찾아보길 바랍니다.

사회적 지원이 필요한 경우

동물원 환경이 계속 이어지는 패턴은, 나이가 들어도 자신을 관리하지 못하고 여전히 부모의 도움이 필요한 아이에게 해당합니다. 또한, 완치되지 않는 질병을 가지고 있거나 신체적·정신적 장애가 있어 부모의 보호가 계속 필요한 경우도 이 경로를 따를 수밖에 없습니다.

이러한 상황은 다양한 이유로 발생하기 때문에 일률적인 해결책으로 접근하기는 어렵습니다. 그러나 부모가 먼저 세상을 떠난 후에도 아이가 일할 수 없거나 독립해 살아갈 수 없다면, 사회적 지원이 필요합니다.

가족 이외에는 인간관계를 거의 형성하지 못한 채 성인이 된 아이와 노후 연금을 받으며 사는 고령의 부모 사이에서 발생하는 문제가 점차 사회 문제로 주목받고 있습니다. 이런 경우에는 아이가 사회와 연결될 수 있는 준비를 미리 해두는 것이 중요합니다.

성인이 되어서도 부모가 관리

아이의 삶을 부모가 끝까지 관리하는 경우가 이 패턴에 해당합니다. 동물원형과 목장형의 차이는 부모가 모든 결정을 내리느냐, 아니면 아이가 스스로 판단하느냐에 있습니다.

고등학생이나 대학생이 되어서도 부모가 아이에게 맡기지 못하면, 아이는 자기 판단 능력을 키우지 못합니다. 그러면 사회인이 된 이후에도 부모가 정해준 틀 안에서만 생활하게 되고, 자신의 삶을 살아가지 못한 채 목장형 상태로 머무르게 됩니다.

이런 방식으로 성장한 아이는 자신이 부모가 되었을 때, 아이를 어떻게 키워야 할지 몰라 어려움을 겪는다며 상담을 요청하는 경우도 많습니다. 동물원 환경을 빨리 졸업하는 방법은 부모 자신부터 사바나로 나아가 자유롭게 행동하며 자신을 위한 시간을 늘리는 것입니다.

과잉 간섭으로 인한 갑작스러운 자립

부모가 과잉 간섭으로 아이를 끝까지 방목하지 않으면, 답답한 동물원 환경에서 벗어나기 위해 반항하며 사바나로 뛰쳐나가는 아이도 있습니다. 반대로, 가정 사정으로 인해 부모가 아이를 더 이상 돌볼 수 없게 되어 어쩔 수 없이 사바나로 내던져지는 경우도 있습니다. 예를 들어, 학비를 아이가 스스로 벌어야 하는 경우가 여기에 해당합니다.

두 경우 모두 갑작스럽게 자립해야 하는 상황에 놓이게 되는데, 이 과정에서 어떤 아이는 자립에 성공하지만 어떤 아이는 중도에 좌절하기도 합니다. 만약 사바나에서 실패를 경험했다면, 그 사실을 받아들이고 다시 본가로 돌아가 목장형 단계로 되돌아가는 것이 필요합니다.

이후 다시 진학이나 진로의 방향성을 차분히 고민하며 재정비하는 과정이 필요합니다. 경제적 문제가 있는 경우에는 장학금 제도 등을 조사해 새로운 선택지를 마련하는 것도 방법입니다.

문제로 인해 휴식이 필요한 경우

목장의 울타리를 넓혀 아이를 방목했더라도, 목장 안에서 문제가 발생해 동물원으로 되돌아가게 되는 상황이 있습니다. 예를 들어, 친구들 사이에서 왕따를 당하거나 학교에 가지 않게 되는 경우, 대학생이라면 취업 준비 실패로 의욕을 잃는 경우 등 주로 정신적 케어가 필요한 경우입니다.

아이가 스스로 적절한 판단을 내릴 만큼의 여유가 없을 때는 무엇보다 부모가 아이의 이야기를 충분히 들어주는 것이 중요합니다. "네가 잘못했어"와 같은 책임 소재를 따지는 말로 몰아붙여서는 안 됩니다. 아이를 부정하거나 비난하지 말고, 있는 그대로의 존재를 받아들여 자존감을 회복할 수 있도록 도와야 합니다.

학교에서 문제가 심각하다면 전학이나 이사 등 환경을 완전히 바꾸는 것도 효과적일 수 있습니다. 이후 아이가 다시 스스로 판단하고 행동할 수 있게 되면, 다시 목장에서 방목하며 자립을 도와야 합니다.

부모에게 계속 의지하는 경우

흔히 말하는 '부모에게 기대어 사는' 경우가 여기에 해당합니다. 아이가 목장이 너무 편해서 성인이 되어서도 위험과 리스크가 많은 사바나로 나가고 싶지 않거나, 사바나로 나가더라도 일하기 싫어하는 경우입니다.

단, 부모의 가업을 이어받는 경우라면 목장형 생활이 지속되더라도 문제가 되지 않습니다. 그러나 아이가 단순히 자신의 편의 때문에 목장형 생활을 이어가는 것이라면, 더욱 적극적으로 자립을 유도해야 합니다.

요즘에는 재택으로 할 수 있는 비즈니스도 많으므로, 아이가 집에서 일하더라도 식비나 생활비를 부담하도록 하여 독립적인 생활 능력을 기르게 해야 합니다. 부모는 언젠가 먼저 세상을 떠나게 되므로, 아이가 자립할 수 있는 능력을 반드시 갖추게 해야 합니다.

동물원 ▶ 목장 ▶ 사바나

가장 바람직한 이상적인 모델

이 경로는 아이의 성장에 맞춰 단계적으로 자립을 이뤄가는 이상적인 모델입니다. 영유아기에는 부모가 아이의 모든 것을 관리하지만, 아동기부터 아이가 스스로 판단하고 실행하는 일을 조금씩 늘려갑니다.

처음에는 부모가 함께 동행하며 생각하는 방식과 행동 방법을 가르치고, 아이가 성장함에 따라 자기 판단력, 자기 결정력, 자기만족도를 높이는 경험을 쌓게 됩니다. 당연히 실패도 경험하지만, 그 과정에서 문제를 해결하는 대응 능력이 향상됩니다.

아이는 스스로 해야 할 일을 고민하고, 어떻게 하면 잘할 수 있을지 배우며 자신감을 키워갑니다. 대학교에 진학할 무렵이 되면 부모는 경제적 지원을 해주는 정도로 충분할 것입니다. 이렇게 성장한 아이는 사회에 나가서도 자유를 즐기며 자신만의 방식으로 살아가는 힘을 갖추게 됩니다.

이른 성장 이후 천천히 자립

목장 단계를 거치지 않고 바로 사바나로 나가는 경우도 있습니다. 예를 들어, 어린 나이에 연예인이 되거나 유튜버가 되어 성공한 사례가 이에 해당합니다. 부모와 함께 살고 있더라도, 아이가 스스로 돈을 벌기 시작했다면 이미 사바나에서 생존을 시작했다고 볼 수 있습니다. 또한, 초등학생이나 중학생 시절부터 기숙사 생활이나 유학 생활을 시작하는 경우도 여기에 포함됩니다.

하지만 경험과 지식이 부족한 상태에서 갑작스럽게 사바나로 나가게 되면 내면의 상처를 받거나 위험에 처할 가능성이 커집니다. 그때는 동물원으로 돌아와 재정비와 회복의 시간을 가지는 것이 필요합니다.

아이가 다시 힘을 되찾더라도, 바로 사바나로 내보내기보다는 목장 단계를 거쳐 천천히 자립을 준비하도록 돕는 것이 바람직합니다.

좌절에서 다시 시작하기

사바나로 일찍 뛰어들었다가 좌절을 경험하고 목장으로 돌아오는 경우입니다. 주로 10대 후반에 겪을 수 있는 사례로, 아이가 어느 정도 자기 관리를 할 수 있기 때문에 동물원으로 돌아가야 할 만큼 심각한 상태는 아닙니다.

그러나 사회적 현실의 혹독함을 경험하며 정신적으로 크게 위축된 상태일 가능성이 높습니다. 이런 경우, 부모는 목장에서 아이를 지켜보며 자신감을 회복할 수 있도록 지원해야 합니다. 난이도가 낮은 일부터 경험하게 하여 사회 복귀를 위한 연습 과정을 제공하는 것이 효과적입니다.

이 과정은 아이가 진로를 다시 설계하는 데도 중요한 계기가 됩니다. 고등학교를 졸업한 후 돌아온 경우에는, 직업학교나 대학교에 다시 진학해 배우는 선택지도 고려할 수 있습니다. 사바나에서의 좌절을 딛고 목장에서 의미 있는 시간을 보내며 자신을 재정비한다면, 다시 건강한 모습으로 사바나로 나갈 준비를 할 수 있을 것입니다.

동물원 ▶ 사바나 ▶ 사바나

특별한 사정이나 천재형으로 인한 초고속 자립

경제적 이유로 부모가 학비를 지원할 수 없는 경우, 아이는 중학교를 졸업하자마자 일을 시작해야 하는 상황에 놓이기도 합니다.

또는 가정 환경과 무관하게 아이 스스로 10대 중반부터 사회로 뛰어드는 사례도 있습니다. 스포츠 선수, 크리에이터, 예술가, 젊은 인터넷 비즈니스 창업가 등이 이에 해당합니다. 이들은 대체로 10대에 사바나에 나가 성공을 이루거나, 비록 성공하지 못하더라도 자립하며 자신의 삶을 개척하는 특징을 보입니다.

모든 것을 스스로 결정하는 천재형 아이들에게서 자주 나타나는 유형으로, 부모 역시 '이 아이는 원래 이런 성향이니까 어쩔 수 없다'고 생각하며 자연스럽게 아이를 사바나로 내보내는 경우가 많습니다. 처음에는 수입이 없어서 부모의 지원이 필요할 수 있지만, 이런 아이들은 자립 속도가 빠르다는 점이 특징입니다.

아이가 성인이 될 때까지의 아홉 가지 경로를 소개했지

만, 궁극적으로 아이가 자립할 수 있다면 모두 성공적인 결과라고 할 수 있습니다. 부모와 자녀의 관계만큼이나 다양한 육아 방식이 존재하므로 3단계 성장의 기간이 길든 짧든, 또는 앞뒤로 왔다 갔다 하더라도 상관없습니다. 결국 아이가 사회에서 스스로 살아갈 수 있게 된다면 그것으로 충분합니다.

부모가 명심해야 할 것은 부모 중심이 아닌 아이 중심으로 생각하는 것입니다. 그리고 아이가 존재해 주는 것 자체로 감사하는 마음을 잊지 않아야 합니다.

아이의 존재를 있는 그대로 인정하면, 아이의 장점도 자연스럽게 보이기 시작합니다. 그 장점을 발견할 때마다 아이가 몇 살이 되었든 직접 말로 전해주십시오. 부모의 이런 사랑과 신뢰가 아이의 마음을 충만하게 만들며, 아이가 사바나라는 세상을 헤쳐나갈 강력한 무기가 되어줍니다.

금방 잘하지 못하는 게
당연하다

"아이가 스스로 하겠다고 정한 일에 대해서는 최소 2주 동안

부모가 관여하지 않고 지켜봐야 합니다. 이 기간이 며칠로 짧

아지면, 부모는 불안과 걱정 때문에 다시 개입하려는 유혹을

받기 쉽습니다. 이 점을 특히 주의해야 실패하지 않고 순조롭

게 진행할 수 있습니다."

많은 부모가 동물원에서 목장으로 아이를 처음 내보내는 과정을 어렵게 느끼고 두려워합니다. 아마도 본격적으로 방목 육아를 시작하면 처음에는 잘 풀리지 않는 일이 더 많을 것입니다. 아이에겐 아직 지식도 경험도 부족하니 실수는 당연한 일입니다. 걱정되는 마음은 이해하지만, 설령 아이가 실패하더라도 그 경험을 통해 배우는 것이 곧 자립의 과정입니다.

물론 위험이 따르는 행동에는 주의를 줘야 합니다. 하지만 그 외에는 대체로 불안을 느껴도 한 걸음 물러서 지켜봐 주기 바랍니다.

최소 2주는 지켜봐야 한다

먼저, 부모가 도와주던 일들을 하나씩 아이 스스로 하도록 맡겨야 합니다. 처음에는 양치, 목욕, 등교 준비 같은 생활 습관부터 시작합니다. 이때 부모는 방법을 알려주되, 결정은 아이가 스스로 하도록 유도해야 합니다. 그다음에는 공부나 학원 스케줄 관리처럼 조금 더 난이도가 높은 영역으로 자율성을 확장해 나갑니다.

아이가 스스로 하겠다고 정한 일에 대해서는 최소 2주 동안 부모가 관여하지 않고 지켜봐야 합니다. 이 기간이 며칠로 짧아지면, 부모는 불안과 걱정 때문에 다시 개입하려는 유혹을 받기 쉽습니다. 이 점을 특히 주의해야 실패하지 않고 순조롭게 진행할 수 있습니다.

아이가 계획대로 하지 못하더라도, 그것이 아이 본래의 모습이라고 일단 받아들여야 합니다. 아이에게 주도권을 쥐여주면, 처음에는 물건을 자주 잃어버릴 수도 있고, 공부를 해도 성적이 오르지 않을 수도 있습니다. 하지만 아이의 만족감과 자기 효능감은 분명 높아집니다. 만족도와 효능감이 높아지면 신기하게도 부모가 시켜도 하지 않던 일을 스스로 하기 시작합니다.

이것이 육아의 흥미로운 점입니다. 부모가 간섭하면 역효과를 내지만, 아이가 하고 싶은 일을 하게 하면 다음에 무엇을 해야 할지 스스로 생각하기 시작합니다.

아이가 초등 저학년일 경우, 아마도 모든 것을 혼자 결정하기는 어려울 겁니다. 그러니 부모가 몇 가지 선택지를 제시하고, 그중에서 아이가 어떻게 할지 스스로 고민하여 결정하도록 하는 게 좋은 방법입니다. 만약 2주 동안 시도해 보고, 선택한 방법이 아이에게 맞지 않는다면 다른 방법으로 바꾸면 됩니다.

이처럼 '선택지를 제시 → 아이가 결정 → 최소 2주간 간섭하지 않고 관찰 → 다음 선택지를 제시'라는 과정을 반복하다 보면, 아이는 동물원에서 목장으로 자연스럽게 나아가게 됩니다. 그러면서 아이는 자신의 길을 찾아가는 방법을 깨닫습니다.

순차적으로 목장의 울타리 넓히기

동물원 → 목장 → 사바나로 옮겨가는 과정에서 아이의 행동 범위는 점차 확장됩니다. 부모의 품 안에 있을 때 아이의 성장 반경은 작은 원에 지나지 않지만, 점차 그 원이 넓어지고 보폭이 커지면서 마침내 세상을 누빌 수 있게 됩니다.

맨 처음 동물원에서 목장으로 울타리를 넓히는 시기에 중요한 것은 기본 생활 습관을 몸에 익히는 것입니다. 이때는 '인사', '시간 관리', '정리정돈'이라는 세 가지에 중점을 두면 좋습니다. 이 세 가지는 단순한 예의나 생활 습관을 넘어, 학업 성취도와도 밀접한 관련이 있다는 데이터가 있습니다.

인사는 아이의 주체성 표현이며, 주체성이 있는 사람에게는 정보가 모입니다. 시간 관리를 하면 앞을 내다보며 행동하는 힘을 키워주고, 정리정돈은 학습 내용을 체계적으로 정리하는 데 도움을 줍니다. 시간 관리와 정리정돈은 처음에는 방법을 가르쳐주고, 아이가 어느 정도 스스로 할 수 있을 때까지 함께 연습해야 합니다. 익숙해지면 학습이나 관계 등으로 계속 확장해 나가면서 아이의 자신감을 키워주는 역할을 부모가 해주면 됩니다.

아이는 이 시기에 '안정감'이라는 울타리가 둘려 있는 목장 안에서 다양한 지식과 경험을 쌓고, 때로는 실패를 통해 배워가며 자신만의 힘을 기르게 됩니다. 여기서 부모의 가장 중요한 역할은 울타리를 차츰 넓혀주며 자신이 뒤로 물러서는 것입니다. 부모가 물러서는 만큼 아이의 성장 반경은 넓어집니다. 그렇게 단단해진 아이는 결국 사회라는 사바나로 뛰어들어 자신의 힘으로 살아가는 법을 배우게 됩니다.

통제자 아닌
상담가 되어주기

"만약 아이가 혼자 해결하지 못하고 고민하거나, 시도하다가 실수해서 괴로워하고 있다면, 부모는 어떻게 행동해야 할까요? 다시 '통제자'가 되어 아이 대신 팔을 걷어붙이고 해결해 버린다면, 목장으로 나가지 못한 채 계속 동물원에 머물게 되겠지요. 가장 적절한 부모의 역할은 현명한 '상담가'가 되어주는 겁니다."

부모의 관리가 철저했던 아이일수록 방목을 시작하자마자 일상에서 실수하거나 성적이 떨어질 수 있습니다. 그간 일거수일투족을 부모가 옆에서 챙기고 대신해 주었으니 당연합니다. 그래도 섣불리 간섭하지 말고 아이가 어떻게 반응하는지 세심하게 관찰하는 쪽으로 방향을 잡아야 합니다.

그러면 아이는 서서히 알게 됩니다. '부모의 관리가 사라지면 무슨 일이 생기는지', '이 상황에서 자신은 무엇을 생각하고 어떻게 판단해야 하는지'를 나름대로 열심히 고민하기 시작합니다. 이런 고민을 반복하며 시행착오를 겪는 동안 아이는 문제 해결 능력을 키우고, 점차 자기 일을 해내는 사람으로 성장합니다.

교정하지 말고 탐색할 수 있도록

만약 아이가 혼자 해결하지 못하고 고민하거나, 시도하다가 실수해서 괴로워하고 있다면, 부모는 어떻게 행동해야 할까요? 다시 '통제자'가 되어 하나부터 열까지 아이 대신 팔을 걷어붙이고 해결해 버린다면, 목장으로 나가지 못한 채 계속 동물원에 머물게 되겠지요. 가장 적절한 부모의 역할은 현명한 '상담가'가 되어주는 겁니다.

상담가라고 해서 어떤 일이 생겼을 때 곧바로 달려가 위로하거나 조언할 필요는 없습니다. 곁에 조용히 머물며 아이 스스로 상황을 헤아리도록 충분히 시간을 주는 게 먼저입니다. 아이가 상황을 파악하기도 전에 부모가 먼저 판단하고 조언해 주다 보면, 이미 결론은 부모 뜻대로 결정돼 버릴 수 있습니다.

아이 스스로 충분히 생각해 본 끝에 힘든 부분을 이야기하고 도움을 요청한다면, 일단은 잘 들어주세요. 그리고 "그 일이 왜 벌어졌을까?", "너는 어떻게 했으면 좋겠어?" 하고 질문해 보세요. 아이가 스스로 상황을 파악하고 해결하려는 힘을 조금씩 기르게 될 겁니다.

고민하는 부분이 공부라면, 작은 문제 하나하나까지 부모가 대신 해결해 주기보다는 효율적인 공부법에 대해 함께 논의해 보는 게 좋습니다. 영어 학습의 경우 어떻게 영어 단어를 외우는 게 기억하기 쉽고, 덜 잊어버릴지를 함께 생각해 보는 식입니다. 수학 문제의 경우는 답지를 보지 않고 스스로 끝까지 풀어보도록 격려하는 것도 좋습니다. 공부에 있어서도 하나하나 간섭하기보다 공부 방법에 대해서만 함께 논의하고, 나머지는 아이에게 맡기세요. 최소한의 도움만 주고 점차 손을 떼는 것이 핵심입니다.

아이의 내적 동기는 자율성, 유능감, 관계성에서 비롯됩니다. 부모가 상담가 역할을 할 때 아이는 '내가 선택했다'라는 감각을 유지하면서도 부모에게 신뢰를 느낍니다. 이 균형이 자립의 핵심입니다. 부모가 모든 것을 세심하게 지도하려 들면, 아이는 '자기 결정력'을 잃고 무력하게 지시를 내리기만 기다리는 '지시 대기형' 사람이 되어버릴 수 있습니다.

이렇게 서서히 아이가 스스로 움직이도록 이끌면, 갑자기 방목되어 혼란을 겪는 일도 줄어듭니다. 부모는 아이의 생각과 감정, 능력을 '교정'하는 사람이 아니라, '탐색'을 돕는 사람이어야 합니다. 부모가 많이 개입할수록 아이는 자립하지 못한다는 사실을 잊지 마세요.

어릴 적 나에게 이야기하듯 말하기

모두가 한때는 아이였습니다. 그런데 부모가 되고 나면 왜 그 시절의 자신은 잊은 채 아이에게 무리한 요구를 하게 되는 걸까요? 만약 당신이 지금 열 살짜리 아이라고 가정하고, 누군가에게 "너는 왜 그것도 못하니?", "제발 공부 좀 해라", "그러니까 안 되는 거야"라는 말을 들었다면 어떨까요? 단번에 의욕이 사라질 겁니다.

이는 아이의 입장이 되어 보지 않아도 쉽게 알 수 있는 일입니다. 어른이 된 당신도 배우자나 부모에게 "왜 요리도 못 하니?", "꾸물거리지 말고 얼른 청소해라", "그러니까 네가 안 되는 거야" 이런 말을 들으면 불쾌하고 위축될 테니까요.

처음에는 상담가로서 조언해 주려 했지만, 자꾸 듣기 싫은 잔소리로 끝맺게 된다고요? 그렇다면 바로 이 지점을 기억해 보세요. 아이의 자립심을 꺾는 그 말을 부모가 들어보는 것입니다. 아이의 마음과 행동을 충분히 이해하게 될 겁니다.

여기서 한 걸음 더 나아가 이렇게 제안해 봅니다. 아이에게 말을 건넬 때, 과거의 '나'에게 이야기하듯 해보라고요. 예전에 어느 일간지 온라인판 연재 기사 「쑥쑥 성장하는 아이들은 무엇이 다를까?」에서 '스무 살의 나에게 전하고 싶은 열 가지'라는 글을 쓴 적이 있습니다. 이 방법은 스무 살뿐 아니라, 모든 연령대의 자녀에게 적용할 수 있습니다.

이 방법은 확실한 효과와 이런 장점을 갖고 있습니다.

1) 나 자신에게 전달하는 메시지이기 때문에 윗사람 관점에서

누군가를 가르치는 듯 말하지 않게 됩니다.

2) 부모 역시 자신의 어린 시절을 떠올리며 '부모님에게 이런 말을 듣고 싶었다', '그러고 보니 나도 못 하는 게 많았지' 등 아이의 마음을 헤아리는 쪽으로 생각하게 됩니다.

3) 부모가 아이에게 '성실하게 노력해야 나중에 성공할 수 있지' 같은 오래된 가치관을 주입하는 대신, '즐거운 일, 재미있는 일, 좋아하는 것을 소중히 여겨야 한다'라는 지금 중요한 가치를 전달할 수 있습니다.

참고로 제가 스무 살의 저에게 전하고 싶었던 메시지 역시 '나의 장점을 살릴 수 있는 일을 지금 해봐', '좋아하는 일을 직업으로 삼은 어른을 만나러 가보자' 같은 것입니다. 지금의 제가 중요하게 여기는 가치 기준과 똑같습니다. 이 세 가지 장점을 염두에 두고 자녀와 이야기를 나눠보면 효과가 있을 겁니다.

자립을 돕는 부모의 말과 습관

" '네 인생을 대신 살아줄 순 없어. 하지만 언제든 네 옆에 있을 게.' 이 말이 가진 힘은 단순한 위로를 넘어섭니다. 부모가 아이에게 '신뢰'와 '지지'를 동시에 전달하는 문장이기 때문입니다. 아이는 이 신뢰와 지지를 기반으로 새로운 도전을 시도할 마음의 안전지대를 얻게 됩니다."

부모가 아이의 자립을 돕고 싶다면, 거창한 교육 철학보다 매일의 말과 작은 습관이 훨씬 큰 영향을 줍니다.

아이에게 주도권을 쥐여주는 한마디

"이번엔 네가 해볼래?"

이 한마디만으로도 아이는 부담 없이 '주도권'을 부여받는 경험을 합니다. 아이가 주도권을 잡는 순간은 아주 사소해 보이지만, 바로 그때 아이의 '내가 할 수 있다'는 내적 근육이 길러지기 시작합니다.

"네 인생을 대신 살아줄 순 없어. 하지만 언제든 네 옆에 있을게."

이 말이 가진 힘은 단순한 위로를 넘어섭니다. 부모가 아이에게 '신뢰'와 '지지'를 동시에 전달하는 문장이기 때문입니다. 아이는 이 신뢰와 지지를 기반으로 새로운 도전을 시도할 마음의 안전지대를 얻게 됩니다.

질문을 잘하는 것도 매우 중요한데요. '통제형 질문'은 아이의 행동을 멈추지만, '자립형 질문'은 결국 아이 스스로 행동하게 만듭니다. 좋은 질문이 아이가 판단하고 선택할 수 있도록 사고의 문을 열어줍니다. 이는 단순한 대화의 기술이 아니라, 자립의 핵심인 내적 성찰 능력을 키워주는 중요한 도구입니다.

상황	통제형 질문	자립형 질문
숙제를 미룰 때	"왜 안 했어?"	"언제 하는 게 좋을까?"
실패했을 때	"다음엔 잘해야지?"	"이번엔 뭐가 어려웠어?"
목표를 세울 때	"이건 해야 해."	"네가 진짜 하고 싶은 건 뭐야?"

자립 환경을 만드는 네 가지 작은 습관

부모의 인식 전환, 태도 변화를 거창하게 생각할 것은 없습니다. 모든 과정을 완벽하게 진행해야 아이가 자립할 수 있는 것도 아닙니다.

매일 조금씩 실천 가능한 수준에서 태도를 바꿔보세요. 다음의 네 가지 습관은 부모의 감정 조절력을 키워주고, 아이가 마음 편히 스스로 해볼 수 있는 자립 환경을 만들어주는 매우 실용적인 방법입니다.

첫째, 하루 중 단 5분이라도 아이를 평가하거나 지적하지 않고, 그저 어떤 행동을 하는지 지켜보는 시간을 가져보세요. 이 관찰은 '가만히 들여다보기'가 목적입니다. 아이가 숙제를 미루는지, 무언가를 만들며 몰입하는지, 어떤 방식으로 문제를 해결하는지, 이런 작은 행동들을 조용히 보면, 그동안 보이지 않던 아이의 성향과 강점이 자연스럽게 드러납니다.

이 습관은 부모가 무의식적으로 가지는 통제 욕구를 부드럽게 낮추고, 아이를 있는 그대로 받아들이는 태도를 길러줍니다. 결국 아이의 재능을 발견하는 출발점이 됩니다.

둘째, 결과가 아닌 과정에 집중하는 '칭찬 일기'를 써보세요. 칭찬 일기는 '오늘 아이가 무엇을 해냈는가'보다 '어떤 과정을 거쳤는가'를 기록하는 일입니다. 하루에 한 줄만 써도 충분합니다. 예를 들어 "문제를 풀다가 어려워서 울 것 같았는데도 끝까지 앉아 있었다", "물건을 잃어버렸지만 스스로 찾고 정리하려고 했다"처럼 작은 시도와 변화의 흔적을 적어보세요.

이 단순한 기록은 부모의 시선을 자연스럽게 결과 중심에서 과정 중심으로 옮겨줍니다. 그 변화는 곧바로 아이에게 전달되어, 아이 또한 자신을 '성공과 실패'로 평가하기보다 노력과 시도 자체를 긍정적으로 바라보게 됩니다. 자립의 핵심은 결국 '과정을 견디는 힘'이기 때문에 이 습관은 기초 체력이 됩니다.

셋째, 잔소리하고 싶을 때 한 박자만 쉬어보세요. 아이의 행동이 마음에 들지 않을 때, 많은 부모는 자동적으로 지적이나 잔소리를 하게 됩니다. 그러나 이때 단 3초라도 멈춰 심호흡해 보세요. 심호흡은 단순한 긴장 완화를 넘어, 감정적 개입을 줄이고 사고를 회복하게 해줍니다. '지금 당장 말해야 할 일인가?', '혹시 아이 스스로 해결할 시간을 줄 수 있을까?'를 생각할 여유를 줍니다.

이 작은 멈춤이 쌓이면 부모의 감정적 반응이 줄어들고, 아이와의 갈등 빈도도 놀라울 만큼 적어집니다. 무엇보다 부모가 감정을 다루는 방식을 아이가 그대로 배웁니다. 자립은 문제 해결력뿐 아니라 감정 조절력에서도 성장하는 것입니다. 이 습관은 그런 면에서 매우 큰 효과를 갖고 있습니다.

넷째, 지시 대신 질문으로 대화 마무리해 보세요. 부모가 대화를 마무리 짓는 방식은 아이의 선택권과 책임감을 결정 짓습니다.

"이렇게 해", "그건 하면 안 돼"처럼 지시형으로 끝맺으면 아이는 부모의 기준에 맞춰 움직이게 되고, 실패도 '부모한테 혼날까 봐' 피하게 됩니다. 반면 "넌 어떻게 하고 싶어?", "지금 네게 필요한 게 뭐야?", "다음엔 어떻게 해볼까?"
와 같이 질문으로 마무리하면, 아이는 자연스럽게 스스로 선
택하고 책임지는 경험을 하게 됩니다.

이것은 단순히 말투의 변화가 아니라, 아이가 자신의 삶
의 주인이 되는 연습입니다. 부모와 아이가 모두 '결정권은
결국 아이에게 있다'는 사실을 인식하는 순간, 아이는 훨씬
더 안정적으로 자립을 향해 나아갑니다.

이 네 가지 습관은 부모의 감정 조절력과 아이의 자기 주
도성을 동시에 키워주는 효과적인 방법입니다. 완벽함을 요
구하지 않습니다. 하루에 한 번이라도 실천할 수 있다면, 이
미 아이는 자립형으로 성장할 수 있는 환경 안에 있습니다.

습관	행동	기대 효과
하루 5분 관찰하기	아이를 평가하지 않고, 있는 그대로 관찰하는 시간을 가진다	통제 욕구가 완화되고, 아이의 재능을 발견할 수 있다
칭찬 일기 매일 쓰기	아이의 시도와 성장 과정을 자주 기록한다	부모의 초점이 결과보다 과정에 맞춰진다
잔소리 전 심호흡하기	즉시 말하거나 개입하기 전에 심호흡하며 차분히 생각한다	감정적 통제력이 향상된다
질문으로 대화 마무리하기	대화의 끝은 지시가 아니라 아이에게 질문한다	결국 선택권은 아이에게 있다는 것을 서로가 인지한다

중요한 건
아이를 꺾지 않는 육아

"아이는 지식과 경험이 부족하고 미래를 내다보는 힘도 약할

수 있습니다. 따라서 부모는 몇 가지 선택지를 제시하고 각각

의 차이를 설명한 뒤, 판단과 결정은 아이에게 맡겨야 합니다.

실제로 세상에 맞서야 하는 주체는 부모가 아닌 아이입니다.

아이가 원하는 것을 실현할 수 있도록 적절한 환경을 만들어

주세요."

같은 부모 아래에서 태어난 형제자매라 하더라도 각자의 재능과 개성이 다릅니다. 그러므로 아이를 잘 관찰하여 그 아이에게만 있는 재능과 개성을 발견하고 이를 키워주는 것이 부모의 역할입니다.

예를 들어, 온종일 그림 그리기에 몰두하는 아이가 있다면, 다른 것을 억지로 시키기보다 본인이 만족할 때까지 실컷 그림을 그리도록 그냥 두는 것이 좋습니다. 아이가 흥미를 느끼고 재능이 있는 분야를 바탕으로 학교 진학이나 진로 등도 본인이 선택하도록 해야 합니다.

그러나 말이 쉽지, 아이가 원하는 것을 충분히 탐색하고 심지어 스스로 진로를 선택할 때까지 옆에서 지켜보는 일은 매우 어려운 과정입니다. 교육열이 높고 성실한 부모일수록 이 과정은 고문에 가까울 만큼 괴롭게 느껴질 수 있습니다.

안심 모델과 고민 모델

우선, 아이는 부모가 원하는 대로 자라지 않는다는 사실을 명심해야 합니다. 이 점을 받아들이지 못하고 아이를 자신의 뜻대로 이끌려고 하면, 상황은 악화될 뿐입니다.

아이를 키우는 부모라면 누구나 4단계의 욕구를 경험하게 됩니다. 1단계는 생존 욕구로, 아이가 건강하게 살아주길 바라는 마음입니다. 2단계는 심신의 성장 욕구로, 아이의 몸과 마음이 튼튼하게 자라길 바라는 기대입니다.

이다음부터는 부모의 고민이 늘어나는 '고민 모델'과 아이 주체의 '안심 모델'로 나뉩니다. 고민 모델의 3단계는 평균에서 벗어나지 않기를 바라는 욕구로, 부모는 또래 아이들의 평균적 기준에 집착하며 자신의 아이를 평균 수준에 맞추려고 노력합니다. 아이의 단점을 강제로 고치려 하고, 평균치 이상의 수준을 요구하기도 합니다.

고민 모델의 4단계는 부모의 뜻대로 되기를 바라는 욕구입니다. 아이를 이상적인 틀에 넣기 위해 행동을 강제하고 제한하게 되며, 틀에 맞지 않으면 부모와 아이의 관계가 악화되기도 합니다.

한편, 안심 모델의 3단계는 부모의 시선이 아닌 아이의 시선에서 장점을 키워주고 개발하고 싶은 욕구입니다. 이 욕구가 있으면 '아이의 단점은 성장과 함께 변하면 된다'라는 여유로운 마음을 갖고, 아이가 하고 싶은 일을 응원하며 장점을 칭찬하게 됩니다.

안심 모델 4단계는 '아이에게는 아이의 인생이 있다'는 것을 인정하고, 아이의 개성을 존중하고 싶은 욕구입니다.

고민 모델과 안심 모델의 차이점은 단 하나입니다. 고민 모델은 또래 아이들이 비교 대상이고, 안심 모델은 아이 자신의 성장 과정이 비교 대상이라는 것입니다. '방목 육아'를 하다 보면 자연스레 후자에 가까워집니다. 당연하게도 고민 모델이 부모와 아이에게 더 많은 스트레스를 주기 때문에 안심 모델의 욕구로 아이를 대하면 방목 육아의 과정이 훨씬 수월해집니다.

욕구	고민 모델	안심 모델
1단계	생존 욕구	생존 욕구
2단계	심신 성장 욕구	심신 성장 욕구
3단계	평균에서 벗어나지 않기 바라는 욕구	아이의 시선에서 장점을 키워주고 싶은 욕구
4단계	부모의 뜻대로 하고 싶은 욕구	아이의 삶을 인정하고 개성을 존중하고 싶은 욕구

선택지만 제시하고, 판단은 아이가 한다

저에게 들어오는 상담 중에는 어릴 때부터 부모의 이상을 강요받으며 공부만 해온 성인들의 고민도 적지 않습니다. 어떤 사람은 부모의 희망대로 의사가 되었지만, 그 일이 자신에게 맞지 않는다는 것을 절감하고 상담사의 도움을 받았으나 이미 돌이킬 수 없는 상황이 되었다며 깊은 후회를 털어놓았습니다. 그는 자신의 주변에도 부모의 기대를 충족하기 위해 의사가 되었지만, 정신적으로 병들어 버린 사람이 많다고 말했습니다.

중학교 입시를 경험한 고학력 부모들의 상담 사례를 봐도 그렇습니다. 겉으로는 아이를 위하는 듯하지만 실제로는 부모 자신의 만족을 위해 아이에게 과도한 압력을 가하는 경우가 적지 않습니다. 특히 부모가 성공 경험이 있을 경우 '내가 해냈으니 우리 아이도 당연히 할 수 있을 거야'라고 생각하는 경우가 많습니다.

이제껏 승자로 살아온 부모는 치열한 경쟁 사회에서 살아남은 자신감과 자부심을 가지고 있습니다. 이는 분명 훌륭한 일이지만 '나는 틀리지 않았다, 내가 시키는 대로만 하면 아이도 성공할 수 있다'는 굳건한 믿음은 아이의 발목을 잡을 때가 많습니다. 물론 고학력 부모가 배움의 과정을 즐기고 일과 인생을 진심으로 대하는 모습을 보여준다면, 아이 역시 '공부를 하면 좋은 일이 생긴다'는 긍정적인 인식을 가질 수 있습니다.

하지만 거듭 강조하건대 부모와 아이는 성격도, 재능도 다르다는 사실을 잊지 말아야 합니다. 약육강식의 사바나 세계에서 끊임없이 승리해 온 부모의 성공 경험을 그대로 아이에게 강요해 봐야, 실제로 그 세상에 맞서야 하는 주체는 부모가 아닌 아이입니다. 부모가 아이를 승자로 만들기 위해 자신이 원하는 방향으로 몰아붙이는 순간, 그 길은 아이의 삶이 아니라 부모의 인생이 되어버립니다.

만약 부모가 자신의 일에 자부심을 가지고 있다면, 그 일이 얼마나 멋지고 보람 있는지 진솔하게 이야기해 주는 것만으로도 충분합니다. 부모의 허세나 체면만큼 아이의 성장을 방해하는 것은 없습니다. 설령 부모의 뜻대로 아이를 키워냈다 하더라도, 아이가 '내 인생은 무엇이었을까?'라는 질문을 품게 된다면 그건 결코 성공이라고 할 수 없습니다.

아이는 지식과 경험이 부족하고 미래를 내다보는 힘도 약할 수 있습니다. 따라서 부모는 몇 가지 선택지를 제시하고 각각의 차이를 설명한 뒤, 판단과 결정은 아이에게 맡겨야 합니다. 이 방식을 반복하여 습관화하면, 아이는 점차 자기 판단 능력과 자기 결정력을 키워갑니다. 이것이 성장 단계를 자연스럽게 전환하는 아주 중요한 과정입니다.

아이가 하고 싶어 하는 일을 응원해 주면, 자존감이 높아집니다. 자존감이 올라가면 아이의 마음이 충족되고, 지금까지 싫어했던 일에도 스스로 도전하는 변화가 일어납니다. 이런 변화가 쌓이면 높은 확률로 부모가 시키지 않아도 스스로 공부하고, 자신의 길을 찾아나가기 시작합니다.

아이가 원하는 것을 실현할 수 있도록 적절한 환경을 만들어 주세요. 그때부터 아이는 비로소 자신이 할 일을 스스로 선택하고 자율적으로 인생을 살아가는 힘을 얻게 될 것입니다.

손을 놓아야
비로소 홀로 선다

“저는 지금까지 부모가 과감히 손을 놓은 뒤, 아이가 스스로 해야 할 일에 집중하기 시작한 사례를 셀 수 없이 많이 보았습니다. 부모가 아이를 억지로 바꾸려 애쓰는 동안에는 대부분의 문제가 해결되지 않습니다. 아이를 설득할 방법을 찾기보다 부모 자신의 사고방식을 바꾸면 자연스럽게 관계는 개선됩니다.”

육아 고민의 원인은 아이에게 있는 것이 아니라, 스트레스를 쌓아둔 부모의 불안정한 마음에서 비롯되는 경우가 매우 많습니다. 부모가 불만과 불안으로 가득 찬 얼굴로 아침부터 밤까지 "공부해라"라고 잔소리를 한다면, 아이의 성적은 오르기는커녕 오히려 자신감과 의욕을 잃게 될 것입니다.

반대로, 부모가 매일의 삶에서 설렘과 즐거움을 느끼고 있다면 그 모습을 지켜보는 아이에게도 그 기운이 전해져서 의욕이 생겨납니다. 여기에 더해 부모가 아이를 온전히 신뢰하고 응원하며 지지해 준다면, 머지않아 아이에게 큰 변화의 순간이 찾아옵니다.

아이에게 쏠은 시선을 나에게로

믿기 어려울지 모르지만, 제가 수많은 아이들을 지켜본 경험으로 확신하건대 아이가 자립하기 시작하는 결정적인 터닝 포인트는 바로 부모가 자신의 인생을 즐기기 시작할 때였습니다.

스스로 마음이 충만하고 행복할 때 비로소 타인에게도 너그러워질 수 있습니다. 어른도 아이와 다르지 않습니다. 인생을 즐기면서 살아가면 만족감이 높아지고, 타인의 단점이 그다지 신경 쓰이지 않게 됩니다. 반대로, 즐길 만한 것이 없고 불만과 불안 속에서 하루하루를 보내는 사람은 주변에 예민하게 반응하며 무의식적으로 타인의 흠을 찾기 시작합니다.

이러한 차이가 가장 뚜렷하게 드러나는 사람이 바로 육아 중인 엄마입니다. "아이의 안 좋은 점만 보여서 짜증이 납니다"라는 육아 고민은 제가 받은 상담 중 상당수를 차지하는 주제입니다.

하지만 그 해결책은 의외로 단순합니다. 바로 부모 스스로가 즐겁다고 느끼는 일을 최우선으로 하는 것입니다. 재미있는 드라마나 영화를 봐도 좋고, 좋아하는 디저트 가게를 방문하는 것도 괜찮습니다. 아이와 함께 여행 가서 맛집 탐방이나 소소한 관광을 즐겨보는 것도 좋습니다. 부모가 즐거워하면 아이 역시 그 분위기에 이끌려 자연스레 웃게 됩니다. 이럴 때 아이 손을 놓더라도 아이는 충분한 안정감을 느끼고 홀로 설 수 있게 됩니다.

만약 아이의 단점과 부족한 점 때문에 스트레스를 받고 있다면, 혹시 부모의 불안 때문이 아닌지 돌아볼 필요가 있습니다. 부모가 '더 잘해야 해, 더 많이 해야 해'라며 일방적으로 여러 활동과 학습을 강요하는 것은, 사실상 아이를 위한 것이 아니라 부모의 불안을 상쇄하기 위한 것일 수 있습니다. 아이가 진정 하고 싶어 하는 것이 아니라면, 부모가 미처 알아채지 못한 또 다른 재능의 싹을 꺾어버리고 있을 가능성도 있습니다. 아이에게 시간과 에너지는 한정적이니까요.

어릴 때는 부모의 말을 잘 따르던 아이도 성장하면서 좋고 싫음이 점차 명확해지기 때문에 부모가 억지로 시킨 일에는 흥미를 잃거나 반감을 갖게 되는 경우가 많습니다. 그러므로 부모의 이상은 잠시 내려놓고 아이가 좋아하는 일, 하고 싶어 하는 일이 무엇인지 물어보고 대화하는 것부터가 먼저입니다.

부모와 아이의 균형이 잘 맞으면, 아이가 스스로 판단하고 결정할 수 있는 일이 많아지고 그만큼 행동의 폭도 넓어집니다. 이때 중요한 것은 부모가 유도하기보다 아이의 자발성에 주목해야 합니다.

예를 들어 '아이가 좋아할 것 같아서', '흥미를 느꼈으면 좋겠다'라는 생각에 과학관이나 박물관에 데려가는 경우가 많은데요. 아이가 크게 반대하지 않더라도 속마음은 '정말 재미있을 것 같아서'가 아니라 '부모가 원하니까 어쩔 수 없이' 따라갈 때도 많습니다. 상담 중에 이런 말을 자주 듣습니다.

"박물관이나 과학관에 데려가도 별로 관심을 보이지 않아요. 모처럼 시간을 내서 함께 간 건데 기대한 반응이 없을 땐 실망스럽죠. 그래도 포기하지 말고 계속 다양한 경험을 하는 게 좋을까요?"

아이에게 "너를 위해 여기까지 데려왔는데"라는 말을 하고 싶은 마음이 든다면, 차라리 가지 않는 편이 낫습니다.

그 대신, 부모가 진짜로 즐기고 싶은 곳으로 아이를 데려가 보는 것도 방법입니다. 부모가 즐겁게 시간을 보내는 모습을 보면 자연스럽게 아이도 함께 좋아하게 되거나 '나도 내가 좋아하는 것을 즐기고 싶다'라는 생각을 하게 됩니다. 이런 경험이 반복되면 아이는 "○○을 보러 가고 싶어요", "○○에서 놀고 싶어요"라는 식으로 자발적으로 의견을 표현하기 시작합니다.

이처럼 명확히 말로 표현하지 못하더라도 산책 중에 들려오는 곤충 소리에 아이가 관심을 보이고 곤충을 찾기 시작한다면 함께 찾아주면 됩니다. 아이의 행동을 유심히 관찰하다 보면 호기심의 단서는 의외로 가까운 곳에서 쉽게 발견할 수 있습니다. 또 함께 영상을 시청하다가 특정 주제에 관심을 보인다면, 그 주제를 계기로 관심을 넓혀가는 것도 좋은 방법입니다.

　먼저 부모 자신에게 시선을 돌리고 스스로 온전히 행복을 느끼면, 여유로운 마음으로 아이를 바라보게 됩니다. 느긋하고 차분하게 아이를 관찰하다 보면 아이가 원하는 게 무엇인지, 아이가 무엇을 잘하는지 눈에 띄게 됩니다. 그렇게 아이가 원하는 방향으로 함께 시간을 보내다 보면, 저절로 정답을 찾게 될 겁니다. 이런 사소해 보이는 일상을 함께하는 것부터가 아이의 자율성과 자립심을 키우는 성장의 시작입니다.

설득하지 말고 인식을 바꿔라

아이가 성장할수록 여러 과정에서 부모와 의견이 부딪히게 됩니다. 부모가 바라는 이상적인 모습은 아이에겐 답답하고 부담스러운 짐으로 느껴지기도 합니다. 이 시기의 변화를 이해하지 못하고 아이를 신뢰하지 않으면, 부모와 아이 사이의 관계는 점점 흔들리게 됩니다. 부모가 잔소리를 하면 할수록 아이는 반항적인 태도를 보이고, 몰래 나쁜 행동을 하거나 거짓말을 하게 됩니다.

차츰 아이는 자신을 믿어주지 않는 사람과는 거리를 두게 됩니다. 그런 사람이 아무리 이래라저래라 해도 마음이 움직이지 않는 것은 당연합니다. '아이가 말을 듣지 않는다'라며 화를 내는 것이 소용없을뿐더러 사실은 부모 쪽의 문제일 때가 많습니다.

아이를 설득할 방법을 찾기보다 부모 자신의 사고방식을 바꾸면 자연스럽게 관계는 개선됩니다. 저는 지금까지 부모가 과감히 손을 놓은 뒤, 아이가 스스로 해야 할 일에 집중하기 시작한 사례를 셀 수 없이 많이 보았습니다. 부모가 아이를 억지로 바꾸려 애쓰는 동안에는 대부분의 문제가 해결되지 않습니다. 차라리 그 시간에 아이가 즐거워하는 것, 좋아하는 것, 하고 싶어 하는 것을 하게 해주세요. 부모가 강요를 멈추는 순간, 아이는 스스로 움직이기 시작합니다.

아이는 스스로 성장할 수 있는 힘을 가지고 있습니다. 부모가 그 성장을 응원하며, 아이가 안심하고 좋아하는 일에 몰두할 수 있는 환경을 만들어주면, 아이는 자연스럽게 목장으로 나가고 사바나로 향하는 여정을 시작합니다.

한편, 육아 고민의 이면에는 의외로 부부의 문제가 숨겨져 있는 경우가 많습니다. 제가 주재하는 '마마 카페(Mama Café)'에서 엄마들의 학습 모임을 7년 이상 이어오고 있는데요. 그곳에서 자주 등장하는 주제가 바로 남편 문제입니다.

저 역시 두 아이를 둔 아버지이다 보니 따끔하게 들릴 때도 있습니다. 고민의 대부분은 "남편과 육아에 관한 생각이 다르다", "어설프게 참견하지 않았으면 좋겠다"라는 내용입니다. 또 "남편이 아이에게 강압적이라서 아이가 조금이라도 말대꾸하면 화부터 낸다"라는 이야기도 자주 듣습니다.

이는 아마도 남성들이 상하 관계가 뚜렷한 수직적 문화 속에서 일하는 경우가 많기 때문에 아이를 아랫사람처럼 대하는 태도가 무의식적으로 드러나는 것이 아닐까 싶습니다. 많은 아내들이 "남편을 어떻게든 바꾸고 싶다"라고 말하지만, 사실 어른이 된 뒤에는 사람의 태도가 쉽게 바뀌지 않습니다. 그래서 저는 "남자는 덜 자란 어른이라고 생각하고, 아이를 다루듯 남편을 대하는 것이 좋습니다"라고 조언합니다.

구체적으로는 "고마워요", "즐거워요", "덕분이에요", "좋아요" 같은 짧지만 긍정적인 말을 건네서 남편의 자존감을 계속해서 높여주세요. 결과적으로 남편은 훨씬 협조적으로 변하고, 육아의 파트너로 함께할 가능성이 커집니다.

또 하나 꼭 강조하고 싶은 것은 아이 교육에 관해서 가능한 한 초기 단계부터 부부가 충분히 대화해야 한다는 점입니다. 보통 엄마 쪽의 교육열이 높은 가정이 많은데요. 이후 엄마와 아이 단둘이 '입시 모드'에 돌입하면, 아빠는 나중에 엉뚱한 참견을 해서 방해꾼이 되는 경우가 있습니다. 실제로 '마마 카페' 참가자 중에서도 남편이 아이 교육에 깊이 관여하지 않는 경우가 많고, 아예 "남편은 참견하지 않았으면 좋겠다"라고 말씀하시는 분도 있습니다.

하지만 부모 중 한쪽이 아이 교육을 전담하고 다른 쪽이 배제된 상태가 되면 결국 부부 간의 갈등이 쌓일 수밖에 없습니다. 따라서 아이의 교육 방침과 역할 분담에 대해 서로 충분히 대화하는 것이 중요합니다.

아이를 위한 길은 결국 부모가 한마음이 될 때 열립니다. 부부가 함께 방목 육아의 방향을 공유하고 서로의 역할을 존중하며 신뢰를 쌓는 것, 그것이 아이에게 가장 안정된 환경을 제공하는 방법입니다.

자립 단계를 전환할 때 주의할 점

"자립 단계를 전환하여 자율성이 점차 커지게 된 이후, 어떤 아이는 동영상이나 게임에 빠지지만, 어떤 아이는 규칙을 지키며 자기 관리를 잘합니다. 이 차이는 왜 생기는 것일까요? 아이의 자기 조절력을 높여 순조롭게 자립하기 위해 어떤 것을 염두에 두면 도움이 될까요?"

아이의 정신 연령과 성격, 그리고 부모의 육아 방식 등에 따라 아이의 성장 속도에는 큰 차이가 발생합니다. 따라서 3단계의 성장 과정을 거치는 동안 이러한 개별 차이에 맞게 대응하는 전략과 주의 사항을 염두에 두어야 합니다.

일반적으로 여자아이들은 남자아이들보다 정신적으로 더 빨리 성장하고, 비교적 시간 개념도 일찍 익히는 편입니다. 그러나 정신 연령의 빠르고 느림은 단지 개화 시기의 차이일 뿐, 어느 쪽이 더 좋고 나쁘다고 단정할 수 없습니다.

자립 단계를 전환하여 자율성이 점차 커지게 된 이후, 어떤 아이는 동영상이나 게임에 빠지지만, 어떤 아이는 규칙을 지키며 자기 관리를 잘합니다. 이 차이는 왜 생기는 것일까요? 아이의 자기 조절력을 높여 순조롭게 자립하기 위해 어떤 것을 염두에 두면 도움이 될까요?

아이의 성장 속도에 맞게

성장 단계를 전환할 때, 즉 울타리를 넓히기 시작할 때는 아이의 '정신 연령'을 판단해 보는 과정이 중요합니다. 제가 지금까지 4,500명 이상의 초·중·고등학생을 지도하며 느낀 점은, 정신 연령이 실제 나이와 항상 일치하는 것은 아니라는 것입니다.

정신 연령이 낮은 아이들은 그 나이대 아이들이 평균적으로 이해할 수준의 이야기를 해도 이해하지 못하거나, 미래를 예측하며 행동하는 능력이 다소 부족합니다. 반면, 정신 연령이 높은 아이들은 부모가 말하지 않아도 스스로 다음 날의 과제를 준비하거나, 시험 일정을 고려해 학습 계획을 세우고 이를 꾸준히 실천하는 경우가 많습니다.

조숙한 아이들은 어른도 쉽게 답하기 어려운 추상적인 질문을 던지기도 합니다. 자신이 알고 싶거나 관심 있는 주제가 생기면 선생님에게 묻거나 책이나 인터넷 등을 통해 직접 정보를 찾아 나섭니다. 성장이 빠른 아이들은 대체로 열 살 전후부터 자신의 의견을 명확히 표현하며 자기 주장을 하기 시작합니다. 이를 반항기로 느끼는 부모도 있지만, 아이가 자신의 의사를 분명히 밝힐 만큼 성장했다면 자율성을 더 많이 부여하고 믿고 맡기는 것이 좋습니다.

초등학교 때는 이런 정신 연령의 차이가 성적의 차이를 만들기도 합니다. 특히 초등 성적은 성장이 빠른 아이들이 유리하게끔 설계돼 있습니다. 하지만 이 성적이 고등학교 성적과 반드시 일치하지는 않습니다. 단, 이런 차이를 부모가 가능해 보며 자신의 아이가 빨리 피는 유형인지, 늦게 피는 유형인지를 판단해 볼 수 있습니다.

이런 점을 고려해 아이를 동물원에서 목장으로 데려왔음에도 걱정이 끊이지 않는 부모가 있습니다. 그 불안 때문에 아이의 행동을 일일이 감시하고 관리하며 자신이 원하는 방향으로만 움직이게 하려 한다면, 목장에서 동물원으로 되돌아가는 것과 같습니다. 아이를 자유롭게 해주지 못하고 여전히 부모의 통제 안에 두어 행동의 범위를 좁히면 아이는 결국 동물원 밖을 벗어나지 못하게 됩니다.

이 경우, 아이는 언제까지나 '부모에게 억지로 끌려다니고 있다'라는 감정을 떨치지 못합니다. 결과적으로 자립심이 자라지 않고 스스로 판단하고 행동하는 힘을 잃게 됩니다.

특히 중학생 이후에는 신체적으로 성장하기 때문에 이 시기에 부모의 간섭이 계속되면 아이는 참지 못하고 강한 반항이나 폭력적인 행동을 할 수도 있습니다. 반대로, 지나친 간섭에 익숙해진 아이는 스스로 생각하고 판단할 능력을 잃은 채 누군가의 지시만 기다리는 무력한 사람이 될 위험도 있습니다.

아이를 너무 빨리 사바나로 내모는 것 역시 주의해야 합니다. 아이가 목장에서 스스로 살아갈 힘을 익히기도 전에 완전히 방치해 버리는 셈이 되지요. 지식과 경험이 부족한 아이는 스스로를 보호하는 방법을 알지 못하기 때문에 선악을 구별하지 못하고 위험하거나 잘못된 행동에 휩쓸릴 수 있습니다. 결과적으로 생활 습관, 친구 관계, 학습과 진로 등 여러 문제에 부딪힐 수 있습니다.

다만, 예외적으로 성숙이 빠르고 자립심이 강한 아이라면 부모가 최소한의 경제적 지원만 해줘도 궤도에 오를 때까지 스스로 잘 해낼 수 있습니다. 이런 아이들은 어릴 때부터 자신이 하고 싶은 일과 인생의 목표가 뚜렷한 경우가 많습니다. 고등학생 시절에 창업하거나 유학을 선택해 부모 곁을 떠나 자립하는 경우가 이런 예입니다. 중요한 것은 무리하지 않으면서 아이의 속도에 맞춰 자립 단계를 조절해 나가는 것입니다.

시간 개념이 중요한 지표

자립 단계의 전환기를 가르는 또 다른 중요한 지표가 '시간 개념'인데요. 약속된 시간에 따라 잘 행동하는지, 혹은 앞을 내다보고 미리 준비하는 습관이 있는지 등은 시간 개념과 관련이 있습니다. 아직 아이에게 시간 개념이 부족하다면, 해야 할 일을 '눈에 보이게' 만들어주는 훈련이 필요합니다. 예를 들어 매일, 매주, 매달 해야 할 일을 목록으로 정리하거나, 시간에 따른 계획을 세워 일을 진행하는 습관을 들이도록 도와주는 것이지요.

시간 개념을 완전히 잊게 만드는 방해꾼 중 하나가 바로 게임입니다. "아이가 게임에 빠져 공부를 안 해요"라는 말은 제가 부모들에게 자주 듣는 고민거리입니다. 특히 초등 고학년에서 중학생 남자아이들의 경우가 대부분입니다.

이들 중 상당수는 동물원형 시기부터 게임 시간과 동영상 시청을 제한 없이 허용받으며 자란 경우가 많습니다. 그결과, 시간 개념을 완전히 잊는 이런 생활 방식이 당연하게 자리 잡은 것입니다. 게임 문제에 있어서 가장 중요한 것은 처음부터 부모와 자녀가 함께 명확한 규칙을 정해야 한다는 것입니다. 처음에 아무 규칙 없이 게임을 허용했다면, 나중에 그것을 제한하기는 매우 어렵습니다.

게임뿐만 아니라 SNS 등 인터넷을 아이에게 자유롭게 사용하게 했을 때 발생하는 문제가 적지 않습니다. 최근에는 초등학생조차 SNS와 게임을 통해 범죄에 휘말리는 사건이 점점 늘어나고 있습니다. 이를 예방하기 위해서는 사용 시간 제한이나 유해 사이트 차단 등 부모가 미리 신경 써야 할 부분이 있습니다. 이것이 바로 최소한의 울타리인 셈이지요. 사이버 공간은 현실의 사바나보다 더 무법 지대에 가깝습니다.

3장

부모와 아이, 서로 다른 두 세계를 잇는 법

: 성향 차이를 이해하면
관계가 풀린다

관계 지능의 첫걸음,
성향 파악하기

"서로의 성향을 모르고 대화를 이어가면 단순한 차이가 아이의 '반항'이나 '무능'으로 해석될 여지가 있습니다. 결국 아이는 '내가 틀렸나 보다'라고 위축되거나 '부모는 내 말을 이해하지 않아'라며 마음의 문을 닫아버립니다. 서로의 유형을 이해한다는 건 이런 해석의 오해를 줄이는 일입니다."

"왜 저런 행동을 하는지 도무지 모르겠어요."

"나라면 저렇게 안 할 것 같은데…."

"나와는 다른 성격이라서 짜증이 나요."

부모가 하는 이런 말은 결국 자신을 기준으로 아이를 판단하기 때문입니다. 하지만 계속 이런 관점을 유지하면 갈등과 대립은 끝날 수 없습니다.

육아 고민의 대부분은 올바른 방식으로 아이를 자립시키지 못하는 것에서 비롯됩니다. 핵심은 간단합니다. '의존기 → 공존기 → 자립기'를 순조롭게 진행할 수 있도록 아이의 성장에 맞춰 방목한 후, 차츰 울타리를 넓혀주기만 하면 됩니다.

그런데 이 사실을 머리로는 알고 있으면서도 막상 실행하지 못하고 끝까지 아이를 부모 뜻대로 관리하려고 들면 문제는 끊임없이 발생합니다. 불필요한 감정 소모를 줄이고 성공적으로 방목 육아를 해내기 위해서는 서로의 차이를 아는 것이 중요합니다.

옳고 그름이 아니라
'차이'의 문제일 뿐

사실 부모와 아이의 갈등은 대부분 옳고 그름의 문제가 아닙니다. 차이의 문제일 뿐입니다. 부모에게 자신의 기준이 있듯 아이에게도 자기 기준과 가치관이 있습니다. 부모는 '이게 맞다'고 생각하지만, 아이는 '그건 나한테 맞지 않다'고 느끼는 거죠.

그런데 서로의 성향을 모르고 대화를 이어가면 이 단순한 차이가 아이의 '반항'이나 '무능'으로 해석될 여지가 있습니다. 결국 아이는 '내가 틀렸나 보다'라고 위축되거나 '부모는 내 말을 이해하지 않아'라며 마음의 문을 닫아버립니다. 서로의 유형을 이해한다는 건 이런 해석의 오해를 줄이는 일입니다.

이 차이를 이해하는 데 도움이 되는 개념이 바로 '멀티태스킹형'과 '싱글태스킹형'의 성향 구분입니다. '아이에게는 아이만의 가치관이 있다', '아이는 부모의 뜻대로 자라지 않는다'라는 점을 전제로, 부모와 아이의 유형에 따라 어떻게 대응해야 하는지를 구체적으로 살펴봅시다. 이 내용을 이해하면 방목 육아도 훨씬 더 순조롭게 진행될 것입니다.

부모가 자신의 유형을 점검할 때는 지금의 모습이 아니라 10대 시절의 자신을 기준으로 판단하는 것이 중요합니다. 현재의 생활 환경이나 직업적 역할 때문에 성격이나 성향이 바뀌기도 하니까요.

예를 들어, 본래는 싱글태스킹형이라 자신의 페이스가 가장 중요했더라도, 사회생활을 하며 빠르게 일 처리를 해야 하는 환경 속에서 민첩한 업무 습관을 얻게 되었을 수도 있습니다. 하지만 그것은 후천적으로 익힌 기술일 뿐, 본래의 성향이 바뀐 것은 아닙니다.

이처럼 '과거에 어떠했는지'라는 관점에서 확인해 보면 본래 자신의 성향을 정확하게 파악하기 쉽습니다. 이래도 잘 모르겠다면 자신을 잘 아는 사람, 배우자나 지인 등에게 점검을 부탁하는 것도 좋습니다. 테스트를 진행할 때는 '둘 다 해당한다'라는 중간 답변 없이, 어느 쪽의 경향이 더 강한지를 선택해야 합니다.

부모와 아이의 성향을 이해하고 나면, 인식을 전환하는 데 큰 도움을 줍니다. 특히 부모와 아이가 같은 유형일 때는 서로의 가치관이 비슷하기에 충돌과 대립이 덜할 수 있지만, 다를 때는 문제가 심각해질 수 있는데요. '아이는 부모와 다른 판단 기준을 가지고 있다'라는 사실을 먼저 인식해야 합니

멀티태스킹형, 싱글태스킹형 체크리스트

	A	B
"귀찮다"라는 말을	자주 사용한다	거의 사용하지 않는다
메뉴판을 볼 때는	가격부터 본다	좋아하는 메뉴부터 본다
잠자리가 바뀌면	쉽게 잠들지 못한다	어디서든 문제없이 잠든다
주변 상황이	신경 쓰인다	신경 쓰이지 않는다
어릴 때 집중력이 없다는 말을	자주 들었다	들어본 적이 없다
공부, 일 등을	척척 해낸다	자신의 페이스대로 한다
나는 멀티형인지 싱글형인지	알고 있다	잘 모르겠다
다른 사람이 빨리하지 않으면	짜증이 난다	짜증이 나지 않는다
쉽게 뜨거워지고 쉽게 식는 편인가?	그렇다	그렇지 않다
자신이 어떻게 보일지	신경 쓰인다	신경 쓰이지 않는다
"엉뚱하다"는 말을 들어본 적이	없다	있다
앞일을 잘 내다보는 편인가?	그렇다	그렇지 않다
총괄 역할을 맡게 되는 일이	자주 있다	별로 없다
마니악한 취미를	가지고 있지 않다	가지고 있다
다른 사람에게 맡기지 못하고 스스로 처리하려고	한다	하지 않는다

개수를 세어 기입해 봅시다 →

A가 더 많았던 사람은… 멀티태스킹형 (부모의 특징 p.136, 아이의 특징 p.139)

B가 더 많았던 사람은… 싱글태스킹형 (부모의 특징 p.142, 아이의 특징 p.145)

다. 그 차이를 이해하고 인정하면, 아이의 취향이나 선택을 존중하는 마음이 생깁니다.

예를 들어, 멀티태스킹형 부모는 효율과 질서를 중시하고 싱글태스킹형 아이는 감정과 몰입을 중시한다면, 이 둘의 충돌은 '누가 옳은가'가 아니라 '어디에 가치를 두는가'의 차이일 뿐입니다. 부모가 "내 아이는 집중할 때 세상을 잊는 아이야"라고 이해하면 '왜 이렇게 산만하지?'라는 불안이 '이 아이는 몰입형이구나'라는 인식으로 바뀝니다. 이 작은 인식의 전환이 아이의 자존감을 지켜주는 데도 도움을 줍니다. 지금껏 단점으로 보였던 부분이 그 아이만의 재능의 조각으로 빛나기 시작하는 것입니다.

또 유형을 이해하는 것은 관계의 전략을 바꾸게 합니다. 멀티태스킹형 부모는 효율적으로 지시하고 싶어 하지만, 싱글태스킹형 아이는 지시보다 '기분'에 반응합니다. 이럴 때 부모가 "이건 이렇게 해야 해" 대신 "이렇게 하면 네가 더 편하지 않을까?"라고 접근하면 아이는 반발 대신 협력하게 되는 거죠. 서로의 언어를 알면 설득 대신 대화가 가능해집니다.

부모와 아이의 성향에 따라 접근 방식은 달라야 합니다. 그 요령을 배우고 익힌다면 많은 도움이 될 것입니다. 결국,

유형을 안다는 것은 '나와 다른 방식을 이해하고, 그 다름을 존중하는 훈련'입니다. 이 훈련은 자녀뿐 아니라 배우자, 동료, 사회까지도 이어지는 관계 지능의 첫걸음이 됩니다.

멀티태스킹형 부모는…

"이름 그대로, 여러 가지 일을 동시에 처리할 수 있는 유형입니다. 다양한 일에 관심을 가지지만, 한 가지 일에 깊게 몰입하기는 다소 어렵습니다."

불필요한 것을 싫어하며, 손익을 따져 생각한다

멀티태스킹형은 여러 가지 일을 동시에 처리할 수 있는 유형입니다. 복잡한 정보를 빠르게 처리하여 전체 상황을 조율하려는 경향이 있습니다. 다양한 일에 관심을 가지기 때문에 한 가지 일에 깊게 몰입하기는 다소 어려울 수 있습니다. 그러나 능력이 향상될수록 회사나 가정에서의 여러 과제를 동시에 처리하며 역량이 확장되는 사람도 있습니다.

무엇을 하든 가장 짧은 경로로 목표에 도달하고 싶어 하므로, 효율성을 높이는 계획, 노하우, 시간 관리 등의 시스템을 만드는 것을 좋아합니다. 또한, 불필요한 것을 싫어하고 질서를 중시합니다. 모든 일을 판단할 때 손익의 균형과 실리를 따지는 합리주의자로, 대체로 돈 관리나 가정의 경제 운영에도 능숙한 편입니다.

멀티태스킹형 부모의 특징

- 주변의 분위기나 다른 사람의 기분을 살피는 편이다
- 다른 사람의 시선이 신경 쓰인다

- 집중력이 오래가지 않고, 쉽게 산만해진다

- 메뉴판은 가격부터 본다

- "귀찮다"라는 말을 자주 사용한다

- 좋아하는 것 자체보다, 좋아하는 이유에 재능이 숨겨져 있는
  경우가 많다

- 집단을 아우르는 데 능숙한 리더형이다

- 타인의 말에 상처를 잘 받는다

멀티태스킹형 부모의 주의점

- 부모의 일처리 속도가 빨라 아이가 위축될 수 있다

- 아이의 작은 실수도 비효율로 보여 잔소리하기 쉽다

- 주변 분위기, 타인의 말에 예민하게 반응할 수 있다

- 아이를 외부의 기준으로 평가하기 쉽다

- 도움을 주기 위해 아이 대신 결정하고 싶은 유혹에 흔들린다

- 상황 읽기는 빠르지만, 깊은 공감은 놓칠 수 있다

멀티태스킹형 아이는…

"자신에게 관심이 없는 일이나, 하고 싶지 않은 일이라도 부모

가 말한 것은 비교적 잘 따르는 편입니다. 전반적으로 충돌을

피하면서 주변의 기대에 맞춰 움직이려 하기 때문입니다."

모든 과목에서
평균 이상 받는 경우가 많다

멀티태스킹형 아이는 겉으로는 차분하고 협조적인 모습을 보일 때가 많지만, 내면에는 복잡한 감각과 정보가 동시에 작동하는 인지적 스타일을 가집니다. 기본적으로 환경과 사람의 요구에 민감하게 반응하며 조율하려는 특성을 보입니다.

그래서 자신에게 관심이 없는 일이나, 하고 싶지 않은 일이라도 부모가 말한 것은 비교적 잘 따르는 편입니다. 전반적으로 충돌을 피하면서 주변의 기대에 맞춰 움직이려 하기 때문입니다.

예를 들어, 식사를 할 때도 고기나 채소 등 영양의 균형을 맞추려고 노력합니다. 공부도 특정 과목만 뛰어나게 잘하기보다는 대부분의 과목에서 평균점 이상을 받는 아이가 많습니다. 옷이나 물건을 고를 때도 크게 고집을 부리지 않기 때문에 "아무거나 괜찮아", "엄마가 결정해 줘"라고 말할 때가 많습니다.

한편, 주변 상황을 민감하게 파악하기 때문에 환경이 조금만 바뀌어도 쉽게 영향을 받습니다. 예를 들어, 장소가 바뀌면 잠을 잘 자지 못한다거나 공부도 늘 하던 장소가 아니면 집중하지 못하기도 합니다.

참고로 열 살 이전까지는 겉으로 보기에 싱글태스킹형
처럼 보여도 성장하면서 멀티태스킹형의 특성이 강해지는
경우가 많으므로, 열 살 이하의 아이는 유형을 섣불리 단정
짓지 않는 것이 좋습니다.

멀티태스킹형 아이의 특징

- 물건을 고를 때 "아무거나 괜찮아"라고 말한다
- 주변 분위기와 상황을 잘 살핀다
- 다툼을 싫어한다
- 실패를 두려워한다
- 무엇이든 대체로 능숙하게 잘 해낸다
- 모든 과목에서 고르게 점수를 받는 편이다
- 집중력이 오래 지속되지 않는다
- 수첩에 계획이나 스케줄을 적는 것을 좋아한다

멀티태스킹형 아이의 주의점

- 부모가 자꾸 대신 선택해 주면 자립 시기가 더 늦어질 수 있다
- 선택은 곧 책임이라는 인식 때문에 선택 회피 경향도 있다
- 환경 변화에 적응하는 작은 연습이 필요하다
- 여러 감각과 정보를 동시 처리하기에 피로를 느낄 수 있다
- 짧은 휴식 구조가 특히 도움이 될 수 있다

싱글태스킹형
부모는…

"자신이 좋아하는 일이나 흥미가 있는 일에 대해서는 깊이 빠져듭니다. 자신의 페이스가 중요하기 때문에 다른 사람이 하는 말에 휘둘리지 않고, 하기 싫은 일을 억지로 하지도 않습니다."

자신의 페이스가 중요하고, 남의 말에 휘둘리지 않는다

이 유형은 자신이 좋아하는 일이나 흥미가 있는 일에 대해서는 깊이 빠져듭니다. 그 때문에 주변을 잘 살피지 못하는 경향이 있습니다. 다른 사람의 시선이나 의견을 별로 신경 쓰지 않아 눈치가 없다는 말을 듣기도 합니다.

그때그때 기분에 따라 일을 결정하는 경향이 있으며, 메뉴판을 볼 때도 가격은 보지 않고 "이거 맛있겠다, 먹고 싶어!"라며 감각적으로 선택합니다. 나중에 가격을 보고 놀라기도 하지만, "괜찮아"라며 포기도 빠른 편입니다.

계획성은 거의 없고, 질서나 시스템도 그다지 중요하게 생각하지 않습니다. 자신의 페이스가 중요하기 때문에 다른 사람이 하는 말에 휘둘리지 않고, 하기 싫은 일을 억지로 하지도 않습니다.

계획성이나 질서에 관한 개념은 후천적으로 습득할 수 있지만, 이 유형은 계획적으로 행동하는 것을 좋아하지 않거나, 계획대로 하면 오히려 피로감을 느끼는 경향이 있습니다.

싱글태스킹형 부모의 특징

- 좋아하는 일에 대한 집중력이 뛰어나다
- 다른 사람의 시선이나 주변 환경을 크게 신경 쓰지 않는다
- 하고 싶은 일과 하기 싫은 일이 명확하다
- 귀찮은 일은 처음부터 하지 않는다
- 시스템이나 규칙 같은 틀에 얽매이지 않는다
- 특정 영역에 관한 지식이 해박하다
- 집안 정리를 체계적으로 하지 못하는 편이다
- 정리한다 해도 특정 공간이나 물건에 국한된다
- 전문직의 재능 혹은 새로운 일을 창조해 내는 능력이 있다

싱글태스킹형 부모의 주의점

- 아이의 신호를 놓칠 수 있다
- 부모의 속도에 아이가 맞춰주길 바랄 수 있다
- 아이와 학습 루틴을 만들기 어려울 수 있다
- 당장 하기 싫은 일을 미룰 가능성이 있다
- 아이가 집안 정리에 관해 모델링하기 어려울 수 있다

싱글태스킹형 아이는…

"무언가 한 가지 일에 깊이 빠지기 쉬운 경향이 있습니다. 부모의 말보다 자신의 페이스가 중요하며, 좋아하는 일에 대한 탐구심이 강해서 스스로 만족할 때까지 시행착오를 반복합니다."

천재형에 많으며,
위대한 업적을 이루기도 한다

싱글태스킹형 아이는 전체적인 상황을 살피기보다는 무언가한 가지 일에 깊이 빠지기 쉬운 경향이 있습니다. 부모의 말은 잘 듣지 않고 자신의 페이스가 중요하며, 다소 엉뚱해 보이기도 합니다.

좋아하는 일에 대한 탐구심이 강해서 스스로 만족할 때까지 조사하거나 공부하는 등 시행착오를 반복합니다. 예를 들어, 곤충을 좋아하는 아이는 도감을 보는 등 호기심과 지식욕을 채우려고 합니다.

유아기 때는 오감이 민감하고 호불호가 분명하기 때문에 싱글태스킹형처럼 보이기도 합니다. 그런데 성장하면서멀티태스킹형의 요소가 강해지는 아이도 있으므로, 너무 일찍 단정하지 않는 것이 좋습니다.

열 살이 지나도 싱글태스킹형의 특징이 두드러지는 아이는 연구가, 크리에이터, 전문직, 사업가 등에 적합하다고볼 수 있습니다. 이 유형은 이른바 천재형에 속하는 경우가많으며, 세상을 바꾸는 위대한 업적을 이루기도 합니다.

싱글태스킹형 아이의 특징

- 좋아하는 음식부터 먹고 싫어하는 것은 절대 먹지 않는다
- 그때그때 기분이나 감각으로 옷을 고른다
- 어디서든 집중할 수 있다
- 장소가 바뀌어도 잠을 잘 잔다
- "하기 싫다", "가기 싫다"라는 말을 자주 한다
- 부모의 말은 잘 듣지 않는다
- 좋아하는 일에 쉽게 집중한다
- 계획성은 거의 없다

싱글태스킹형 아이의 주의점

- 불가피한 상황이 아니면 아이의 몰입을 함부로 끊지 않는다
- 꼭 해야 할 일은 예고 시간을 알려주면 효과적이다
- 호불호가 분명하여 억지로 시키는 것은 역효과를 낳기 쉽다
- 부모의 말보다 '시스템'이 더 잘 먹힐 수 있다
- 좋아하는 분야를 깊게 몰입할 수 있게 지원한다

멀티태스킹형 부모 ×
멀티태스킹형 아이일 때

"둘 다 손익을 기준으로 사고하는 합리적 성향을 지니고 있기 때문에, 부모의 말을 아이가 비교적 순순히 따릅니다. 예를 들어 공부해야 하는 이유를 단순히 '의무'가 아니라 '이득'이 되는 일로 설명해 주면 아이의 의욕이 높아지고 학교 성적도 고르게 향상될 가능성이 큽니다."

부모의 말을 아이가
비교적 순순히 따른다

부모와 아이 모두 멀티태스킹형일 경우, 둘 다 손익을 기준으로 사고하는 합리적 성향을 지니고 있기 때문에, 부모의 말을 아이가 비교적 순순히 따릅니다.

이 경우 부모가 잘하는 노하우, 시스템, 스케줄 관리 방식 등을 자녀의 생활 습관이나 공부에 응용해 보는 것이 좋습니다. 예를 들어 공부해야 하는 이유를 단순히 '의무'가 아니라 '이득'이 되는 일로 설명해 주면 아이의 의욕이 높아지고 학교 성적도 고르게 향상될 가능성이 큽니다.

이 유형의 아이는 환경의 영향을 받기 쉬워 집중력이 오래가지 않고 산만해지기도 합니다. 그러므로 어느 정도 나이가 되면 잡음이 없는 자기 방에서 공부하는 것이 더 적합합니다. 다만, 부모가 있는 거실에서 공부하고 싶다고 한다면, 학습지나 프린트물을 한 장씩 타이머로 시간을 재며 게임화하면 잡음이 있어도 집중할 수 있습니다. 장시간 공부보다는 10분 단위 정도로 나누어 하는 방법이 효과적입니다.

또한, 전반적인 개요를 먼저 파악하게 하면 이해력이 높아집니다. 예를 들어, 역사를 공부할 때는 처음에 만화책으로 시대의 흐름을 훑어본 뒤, 그중에 흥미를 느낀 시대부터 깊이 파고드는 방법이 좋습니다.

다만 저 역시 멀티태스킹형이라서 잘 알지만, 모든 것을 손익으로만 따지다 보면 오히려 손해를 볼 가능성이 있습니다. 그러므로 아이의 좋아하고 싫어하는 감정적 가치관을 소중히 여겨주면서 아이가 좋아하는 일을 할 수 있도록 독려하는 것이 중요합니다.

멀티태스킹형 부모 × 싱글태스킹형 아이일 때

"멀티태스킹형 부모 중에는 싱글태스킹형 아이가 바라보는 세계를 이해하지 못해 어떻게 대응해야 하는지 고민하는 분들이 있습니다. 하지만 아이의 세계는 부모가 미처 몰랐던 새로운 세계일 수도 있습니다. 그러니 '이 아이가 나에게 새로운 세계를 보여주고 있구나'라는 마음으로 기쁘게 받아들이는 것이 좋습니다."

좋아하는 일을 시도하며
자기 효능감을 높여주자

이 조합은 서로의 가치관 차이를 이해하지 못하면 갈등이 가장 많이 생기는 유형입니다. 실제로 육아 상담에서도 매우 자주 등장하는 케이스입니다.

멀티태스킹형 부모는 자신의 방식대로 관리하고 체계를 세우는 것을 좋아합니다. 그래서 아이에게도 여러 가지 일을 시키며 효율적으로 하길 기대합니다. 하지만, 싱글태스킹형 아이는 흥미 있는 일에는 몰입하지만, 관심이 없는 일은 뒤로 미루거나 아예 하지 않는 경향이 있습니다.

"이걸 하면 나중에 도움이 될 거야" 같은 손익 중심의 설득도 이 유형의 아이에게는 통하지 않습니다. 그 결과, 부모와 아이 사이에 잦은 다툼이 벌어지게 됩니다.

이 유형의 아이에게는 좋아하는 일을 마음껏 하게 두는 것이 무엇보다 중요합니다. 만족할 때까지 충분히 몰입해 자기 효능감을 높이면, 자연스럽게 다른 일에도 "한번 해볼까?"라는 의욕이 생깁니다.

멀티태스킹형 부모 중에는 싱글태스킹형 아이가 바라보는 세계를 이해하지 못해 어떻게 대응해야 하는지 고민하는 분들이 있습니다. 하지만 함께 즐긴다는 마음으로 접근하면 훨씬 수월해집니다.

아이의 세계는 부모가 미처 몰랐던 새로운 세계일 수도 있습니다. 그러니 '이 아이가 나에게 새로운 세계를 보여주고 있구나'라는 마음으로 기쁘게 받아들이는 것이 좋습니다.

멀티태스킹형 부모가 넓게 경험을 쌓는 '수평적 전개'를 선호하는 반면, 싱글태스킹형 아이는 한 가지를 깊이 파고드는 '수직적 몰입'을 즐깁니다. 따라서 좋아하는 분야의 책이나 도감, 전문 자료를 자유롭게 탐구할 수 있게 충분히 시간을 주어야 합니다. 이런 아이들은 몰입감이 곧 성장의 원동력입니다.

다만, 싱글태스킹형은 여러 과목을 고르게 잘해야 높은 평가를 받는 내신 중심의 평가 체계에서는 다소 불리할 수 있습니다. 그래서 공립 중학교에서 고등학교 입시를 준비하기보다는 중학교 입시를 통한 맞춤형 진학이 더 적합한 경우가 많습니다.

싱글태스킹형 부모 ×
싱글태스킹형 아이일 때

"부모와 아이 모두 서로 '내가 옳다'라는 생각이 강하기 때문에 양보하지 않으면 금세 관계에 긴장감이 감돕니다. 가정에 다양한 가치관이 공존한다고 여기고, '그것도 괜찮지'라는 마음으로 서로를 인정합시다."

재능의 싹을 꺾지 않도록
적절한 환경을 제공하자

이 조합은 부모와 아이 모두 좋고 싫음이 분명한 타입입니다. 그래서 같은 취미나 관심사를 공유할 때는 마치 동지처럼 가까워지고 대화도 활발하게 이어집니다.

하지만 반대로, 관심 분야가 전혀 다를 경우에는 "그걸 왜 좋아하는지 모르겠다"라며 서로를 이해하지 못하고 무시하거나 배척하기 쉽습니다. 이럴 때일수록 부모가 먼저 아이가 좋아하는 것을 인정하고 공감해야 합니다.

부모와 아이 모두 서로 '내가 옳다'라는 생각이 강하기 때문에 양보하지 않으면 금세 관계에 긴장감이 감돕니다. 가정에 다양한 가치관이 공존한다고 여기고, '그것도 괜찮지'라는 마음으로 서로를 인정합시다.

싱글태스킹형 아이는 천재적인 기질을 가진 경우가 많습니다. 아마도 그 재능은 부모가 억지로 끌어낸 것이 아니라, 재능의 싹을 꺾지 않도록 적절한 환경을 제공해 준 요인이 큽니다.

예를 들어, 유아기에 글자에 흥미를 느낀 아이가 있다면 "글자가 좋아? 네가 직접 써볼래?"라며 좋아하는 것을 발견할 기회를 만들어주어야 합니다. 그리고 실제로 글자를 쓰기 시작했다면, 글자 견본이나 낙서장을 준비하여 좋아하는 일에 집중할 수 있도록 환경을 조성합니다.

그 후에는 아이가 하고 싶은 만큼 하게 두면 됩니다. 주의해야 할 점은 "글자를 썼으니 이왕 하는 김에 계산도 배우자"처럼 억지로 다른 것을 시키려 하지 않아야 합니다.

싱글태스킹형 부모는 자신이 좋아하는 일에 몰입하는 만큼, 그 열정을 아이에게도 그대로 강요하기 쉽습니다. 하지만 아이가 전혀 다른 분야에 흥미를 느낀다면 그 차이를 억지로 좁히려 하기보다 자유롭게 놔두는 편이 낫습니다.

아이의 속도와 관심을 존중하며 스스로 필요성을 느낄 때 원하는 것을 적절히 지원하는 정도면 충분합니다. 이것이 바로 싱글태스킹형 부모가 아이의 재능을 지켜주는 가장 현명한 방식입니다.

싱클태스킹형 부모 ×
멀티태스킹형 아이일 때

"싱글태스킹형 부모는 자신이 못하는 것을 억지로 하려고 하지 않기 때문에, 부모의 부족한 부분을 멀티태스킹형 아이가 보완하기도 합니다. 그만큼 균형이 좋은 조합이므로, 부모는 자신이 좋아하는 일을 즐기면서 아이의 자율성과 자립심을 믿고 맡기면 가장 효율적입니다."

부모가 좋아하는 일을 즐기면, 아이는 자율적으로 움직인다

싱글태스킹형 부모는 주변의 정보에 민감하게 반응하기보다는 가볍고 유연한 구름 같은 기질을 가진 경우가 많습니다. 기본적으로 자신의 페이스가 중요하며, 일이나 취미에 몰두하기 쉽고, 타인의 시선이나 유행에 크게 휘둘리지 않습니다. 육아에 대해서도 그다지 심각하게 고민하지 않습니다. 실제로 상담 건수가 가장 적은 조합이기도 합니다.

설령 고민이 있더라도, 들어보면 대수롭지 않은 고민인 경우가 대부분입니다. 이처럼 부모가 아이를 관리하려고 하는 경우가 적기 때문에, 손익을 따지는 멀티태스킹형 아이 쪽에서 오히려 자율적으로 학습과 생활을 주도하기도 합니다. 그 결과, 자발적으로 공부에 몰입한 아이는 상위권 학교에 합격하는 경우가 많습니다.

상위권 학교에 합격생을 많이 배출하는 학원 선생님에 따르면, 최상위권 학교에 진학하는 아이들의 부모 역시 싱글태스킹형이 많은 편이라고 말한 바 있습니다. 명문대 학생들을 대상으로 한 설문조사에서 "부모에게 공부하라는 말을 들어본 적이 없다"라는 답변이 가장 많은 것도 이 조합이 많기 때문이라고 생각합니다.

이 조합은 말 그대로 부모가 말하지 않아도 아이가 스스로 공부하는 이상적인 모델입니다. 부모가 아이를 통제하려 하지 않고, 자신만의 방식으로 삶을 즐기는 모습을 보여주는 것만으로도 아이는 안정감과 동기를 부여받습니다.

싱글태스킹형 부모는 자신이 못하는 것을 억지로 하려고 하지 않기 때문에, 부모의 부족한 부분을 멀티태스킹형 아이가 보완하기도 합니다. 그만큼 균형이 좋은 조합이므로, 부모는 자신이 좋아하는 일을 즐기면서 아이의 자율성과 자립심을 믿고 맡기면 가장 효율적입니다.

어떤 조합이든
잘 풀리는 조건

"부모와 아이가 어떤 유형의 조합이든 잘 풀리는 조건이 있습니다. 부모가 이리저리 휘둘리지 않고, 자신만의 중심을 가지는 것입니다. 특히 사안을 보는 관점이나 생각하는 방식에 있어서 다음의 조건을 염두에 두면, 방목 육아가 잘 풀리는 데 큰 도움을 줄 것입니다."

가치관에는 정답이 없다

부모가 육아나 교육 정보에 휘둘리기 시작하면 아이가 힘들어집니다. 멀티태스킹형이든 싱글태스킹형이든, 사실 가치관에는 정답이 없습니다.

그저 '나는 어떻게 생각하는지', '나는 어떻게 느끼는지', '나는 어떻게 행동하는지'에 대한 것이므로, 타인이 자신의 가치관과 다르다고 해서 불안할 필요도, 부정할 필요도 없습니다.

원래 모든 사람의 가치관은 다른 것이 자연스러운 상태입니다. 다른 가치관을 부정하거나 불안해하기보다 자신의 가치관을 믿고 침착한 태도를 유지한다면, 아이 역시 안심하고 부모를 믿을 수 있습니다.

'새의 눈'으로 멀리서 보라

'아이가 게임만 하고 공부를 안 한다'고 할 때, 눈앞의 상황만으로 사태를 개선하려 한다면 '게임을 그만두게 하고 공부를 시켜야 한다'는 판단을 하기 쉽습니다. 물론 그렇게 해서 잘 풀리는 경우도 있지만, 시점을 한 단계 높여 '이 아이의 장점이 무엇일까?'라고 바라보면 전혀 다른 모습이 보이기도 합니다.

예를 들어, 게임에 몰두하는 아이에게는 '일단 시작하면 자신이 만족할 때까지 멈추지 않는 강한 집중력'이 숨어 있을지도 모릅니다.

가까이에서 관찰하는 '개미의 눈'도 중요하지만, 때로는 멀리서 전체를 조망하는 '새의 눈'으로 바라보면 표면적인 정보나 조급함에 휘둘리지 않게 됩니다.

정보는 선별하여 취한다

세상에는 수많은 육아 정보가 넘쳐납니다. 이 정보들은 크게 세 가지로 나눌 수 있습니다.

첫째는 '단순한 정보'입니다. 예를 들어, '초등학생에 전자 교과서가 도입된다'와 같은 정보입니다.

둘째는 '시도해 볼 가치가 있는 정보'입니다. '칭찬하며 키우는 것이 좋다'라는 정보도 있고, '칭찬하지 않는 육아가 좋다'라는 정보도 있습니다. 어떤 것이 좋을지 고민된다면,

둘 다 시도해 보고 자신의 아이에게 맞는 쪽을 선택하면 됩니다.

셋째는 '휘둘리게 만드는 정보'입니다. 이것은 나와 내 아이와는 직접적으로 관계가 없음에도 불구하고 부모를 불안하고 조급하며 답답하게 만드는 부정적인 정보입니다.

정보는 선별해서 받아들이는 태도가 필요합니다. 근거가 있는 자료나 책은 지식으로 참고하되, 불필요한 정보는 애초에 보지 않거나 '몰라도 되는 정보'라고 생각하고 버리는 게 좋습니다.

이 세 가지를 습관화한다면 자신만의 중심을 가지고 육아할 수 있습니다. 흔들리지 않는 중심을 가진 부모가 자신을 굳건히 믿고, 아이에 대한 믿음도 강합니다. 그리고 믿음이 깊을수록 자연스럽게 아이의 손을 놓아줄 수 있습니다.

아이가 활기차게 목장으로 나가 성장하기 위해서는 무엇보다도 부모의 신뢰, 안심, 안정감이 토대가 되어야 합니다.

4장

품 안에
아이를
가두지
않으려면…

: 방목 육아 고민 상담소

고민 건수 1위는
"스스로 공부하지 않아요"

"저는 이제까지 1만5,000건에 달하는 학부모의 고민 상담을 듣고, 솔루션을 제시했습니다. 그리고 수많은 가정이 회복되고 성장하는 것을 지켜봤습니다. 그중 특히 자주 등장하는 대표적인 고민을 골라서 성장의 3단계, 즉 동물원형, 목장형, 사바나형에 맞춘 대처법을 소개하겠습니다."

"스스로 공부를 하지 않아요."

"게임이나 스마트폰만 해서 걱정입니다."

"부모 말을 전혀 듣지 않습니다."

"약속을 지키지 않습니다."

"반항하고 말대꾸를 합니다."

"나와 성격이 달라서 화가 납니다."

"일과 집안일로 지쳐서, 마음의 여유가 없습니다."

아이를 키우는 부모로서 어떤 고민을 가지고 계신가요? 이 중 하나라도 해당한다면, 이어질 내용이 분명 도움이 될 것입니다.

현재 방목 육아의 어느 단계인지 자각할 것

사람마다 자신이 성장한 환경이나 아이를 키우는 환경이 다르고, 부모와 아이의 성격이나 사고방식도 다릅니다. 만인에게 통용되는 최적의 해답은 없습니다. 그렇기 때문에 "내 아이를 어떻게 키워야 할지 모르겠다"라는 고민이 보편적인 과제가 되는 것입니다.

지금부터 이어지는 조언들 역시, '나와 내 아이에게 대입한다면 어떻게 해야 할까'를 생각하면서 읽어 주십시오. 그리고 실제로 시도해 보고, 효과가 없다면 다른 방법을 고민하면 됩니다.

무엇보다 중요한 것은 자신의 육아가 동물원형, 목장형, 사바나형 중 어느 단계에 위치해 있는지 자각하는 것입니다. 안타깝게도 아이의 성장에 맞춰 자연스럽게 다음 단계로 넘어가지 못하는 분들이 의외로 많습니다. 하지만 그 사실을 인식하고 있는 것만으로도 육아를 대하는 마음가짐이 달라질 것입니다.

Q&A에 들어가기 전에, "육아 때문에 짜증이 나는 경우가 있습니까?"라는 설문조사 결과를 먼저 살펴봅시다. 응답자는 '마마 카페'에 참가한 경험이 있는 242명의 엄마들입니다. '자주 있다'(38.4%), '가끔 있다'(52.9%)를 합치면, 무려 90% 이상의 엄마들이 아이 때문에 짜증이 나는 경우가 있다고 답했습니다.

제가 볼 때 이 수치는 매우 현실적입니다. 교육열이 높은 부모일수록 아이에게 짜증을 내는 빈도가 높다는 뜻이기도 합니다.

그렇다면 '거의 없다'(8.3%), '없다'(0.4%)라고 답변한 부모는 무엇이 다를까요?

그들은 아이를 부모의 통제하에 두는 동물원형에서 벗어나, 아이를 믿고 지켜보는 목장형으로 육아 방식을 바꾼 부모였습니다. 적절한 시기를 지나서까지 동물원형을 지속하는 부모는 몸과 마음이 지쳐 있는 경우가 많습니다. 사소한 일에도 짜증이 나는 것은 어쩌면 당연한 일일지도 모릅니다.

Q&A에서도 동물원형 부모의 고민 사례가 많았습니다. 어떻게 하면 좀 더 여유로운 마음으로 육아에 임할 수 있는지 함께 생각해 봅시다.

게임에 빠져
공부는 뒷전입니다

"하루나 주 단위의 '사용 시간 제한'과 같이 서로 만족할 수 있는 선에서 규칙을 정합니다. 부모가 일방적으로 규칙을 정하면 아이는 문제가 생겼을 때 부모 탓으로 돌리므로, 반드시 아이와 함께 정해야 합니다."

Q. 게임에 빠진 아이를 어떻게 해야 할까요?

'게임은 해야 할 일을 끝낸 후에 한다'라는 규칙도 지키지 않습니다.

A. 다음 두 가지 방법 중 하나를 선택해 주십시오.

'규칙을 정하고 어겼을 때는 반드시 벌칙을 받는다'

'아이가 자기 관리할 수 있는 정신 연령에 도달했다면,

본인의 자율성에 맡긴다'

게임이나 스마트폰 문제는 초·중·고등학생 자녀를 둔 부모들이 자주 상담하는 주제입니다. 스마트폰이나 게임기를 사줄 때 사용 시간에 대한 규칙을 정하는 가정은 많습니다. 하지만 벌칙을 정하지 않았거나, 정해두었더라도 실제로 지키지 않는 경우가 많습니다. 즉, 부모가 벌칙에 대한 약속을 제대로 지키지 않으니 아이도 규칙을 지키지 않게 되는 것입니다.

결국 이는 울타리 없는 목장에 아이를 방목한 것과 같습니다. 아이가 자신을 통제할 힘이 부족한 상태인데 부모의 관리 체계마저 무너지니 혼란이 생기고, 결과적으로 아이를 다시 동물원형으로 되돌려야 하는 상황에 놓이게 되는 것입니다.

벌칙을 정하고
단호하게 실행하라

이 문제를 해결하기 위해서는 다음 단계에 따라 규칙을 세워야 합니다.

먼저 아이의 의견과 희망을 듣습니다. 다음으로 부모의 의견이나 희망, 주의할 점을 이야기합니다. 이때 스마트폰 중독의 위험성, 장시간 사용으로 인한 생활 리듬의 붕괴, 인터넷 범죄나 개인 정보 유출 같은 스마트폰 사용으로 인한 문제점도 함께 설명합니다.

그다음, 하루나 주 단위의 '사용 시간 제한'과 같이 서로 만족할 수 있는 선에서 규칙을 정합니다. 부모가 일방적으로 규칙을 정하면 아이는 문제가 생겼을 때 부모 탓으로 돌리므로, 반드시 아이와 함께 정해야 합니다.

마지막으로 잊지 말아야 할 것이 규칙을 어겼을 때의 벌칙입니다. '3일 또는 1주일 사용 금지', '시험 때까지 사용 금지' 등 벌칙을 정하고, 약속을 어겼다면 아이가 무슨 말을 해도 반드시 단호하게 실행하십시오.

이 경우, 아이가 오히려 화를 내며 "그런 약속을 한 적이 없다"라고 우기는 일이 흔히 발생합니다. 여기서 부모가 꺾이면 아이는 '부모는 정한 규칙을 실행하지 않는다'는 것을 학습하고 더욱 제멋대로 행동하기 시작합니다. 다소 엄격하게 들릴 수 있지만, 게임이나 스마트폰에 관한 대부분의 고민은 이처럼 부모의 느슨한 대응에서 비롯됩니다.

아이에게 변명할 여지를 주지 않기 위해서는 정해진 내용을 종이에 쓰게 하여 눈에 잘 띄는 곳에 붙이거나, 약속한 내용을 영상 촬영하여 기록을 남겨두는 것도 좋습니다. 이 방법은 매우 효과적이어서 아이가 게임 시간을 잘 지키게 되었다는 피드백을 많이 받고 있습니다.

다음 선택지는 아이의 정신 연령에 따라 다르지만, 중학생 이상이면 자율성에 맡기는 방법도 있습니다. 물론 금전적인 문제, 인터넷 범죄와 관련된 위험에 대해서는 반드시 경각심을 갖게 해야 합니다. 실제로 발생한 피해 사례를 보여주며 어떻게 하면 위험을 피할 수 있을지 아이와 대화하십시오.

아이가 자기 관리를 할 수 있다고 말한다면 일단 맡겨봅니다. 다만, 생활 습관이 흐트러지거나 문제가 발생하지 않도록 정기적으로 아이와 대화하는 시간을 꼭 가져야 합니다. 문제가 발생했을 때의 벌칙도 반드시 정해야 합니다.

어떤 선택지든, 중요한 것은 아이와 부모 모두가 만족할 때까지 충분히 대화한 후 지킬 수 있는 수준의 규칙을 정하는 것입니다. 게임과 인터넷의 세계에도 눈에 보이지 않는 울타리가 필요합니다. 그리고 아이에게 그 울타리를 넘어섰을 때 어떤 위험이 따를 수 있는지를 명확하게 알려주어야 합니다.

부모의 말을 전혀 듣지 않아요

"사람은 누구도 내 뜻대로 움직여주지 않는다는 사실을 이미 잘 알고 있습니다. 부모가 먼저 아이와 대등한 입장임을 자각하고, '내 뜻대로 한다'라는 생각을 내려놓으면 관계는 훨씬 좋아집니다."

A. 아이가 부모의 뜻대로 움직이지 않는 것은 당연한 일입니다.
아이를 바꾸려 하기보다, 부모가 변해야 합니다.

이것 역시 매우 흔한 고민이지만, 저는 늘 의아하게 생각합니다. 부모가 되기 전에도 우리는 다양한 인간관계를 경험하며 살아왔습니다. 그래서 사람은 누구도 내 뜻대로 움직여주지 않는다는 사실을 이미 잘 알고 있습니다.

그런데 왜 유독 아이는 내 뜻대로 움직여야 한다고 생각하는 걸까요? 그 이유는 부모와 자녀의 관계가 상하 관계로 굳어져 있기 때문입니다. 극단적으로 말하면, 부모는 권력자이고 아이는 복종해야 하는 존재로 여기는 것입니다.

'나는 그럴 의도가 없었다'라고 생각하는 분이 있다면, 평소 아이에게 명령하는 말투로 얘기하고 있지 않은지 되돌아보십시오. "○○해라"라는 말을 자주 한다면, 상사가 부하직원에게 명령하는 것처럼 상하 관계가 형성되어 있는 것입니다.

아이에게 부모는 윗사람 아닌 대등한 존재

하지만 아이는 부모를 자신보다 높은 사람이라고 생각하지 않습니다. 높은 사람이라고 생각한다면 부모에게 반말을 하거나 말대꾸하지 않을 것입니다. 부모는 늘 자신을 보살펴주고 그 자리에 있는 것이 당연한 존재이므로, 아이는 부모를 대등한 존재로 느낍니다.

물론 아이는 부모에 대해 '좋다', '즐겁다', '재미있다', '대단하다', '멋있다', '의지가 된다'와 같은 긍정적인 감정을 갖습니다. 하지만 그것은 상하 관계와 별개의 문제입니다. 그러므로 부모가 먼저 아이와 대등한 입장임을 자각하고, '내 뜻대로 한다'라는 생각을 내려놓으면 관계는 훨씬 좋아집니다.

아이는 아직 인생 경험이 적지만 분명 하나의 인격체입니다. 모르거나 서툰 부분이 있더라도 명령이 아닌 설명으로, 지시가 아닌 안내로 다가가야 합니다. 설령 부모가 원하는 대로 되지 않더라도, 그것이 아이의 특성이고 성장 속도입니다.

"네가 직접 해볼래?", "한번 해봐"라고 말하며 조금씩 할 수 있는 일을 늘려나가면 자연스럽게 목장형 단계로 옮겨갈 수 있습니다. 아이의 의견을 존중하면서 부모의 의견도 솔직히 전하고, 서로 타협점을 찾아가는 과정이 중요합니다. 이렇게 하면 아이의 자존감을 지켜주면서 성장도 도울 수 있습니다.

한편, 동물원형을 그만두지 못하는 부모는 아이의 의견보다 자신의 의견을 우선시하는 경우가 많습니다. "내가 하는 말은 그냥 들어", "시키는 대로 해"라는 말이 대표적인 예입니다.

그러나 아이를 목장으로 내보내기 위해서는 스스로 판단하고 행동하게 해야 합니다. 부모의 뜻대로 되지 않더라도 "그렇게 생각할 수도 있구나", "너는 그런 방식이 좋구나"라고 인정해 주십시오.

그렇게 하면 아이는 스스로 진지하게 생각하고 움직이게 됩니다. 만약 실패하더라도 다음에는 어떻게 하면 좋을지를 곰곰히 생각하게 됩니다. 그런데도 아이가 어려워하면 그때 부모가 도와주면 됩니다.

초3 아이의 자립심을
키워주고 싶어요

"혹시 놀이를 위해 방문하는 곳이나 학습 관련한 학원 등도 부모가 주도하여 결정하고 있지는 않나요? 부모가 주도하여 무언가를 시키는 것을 이제 그만해 보세요."

Q. 초등학교 3학년 아들이 자립심이 전혀 없습니다.

도서관, 과학관, 캠프에 데려가고 테니스 학원도 보내고 있지만,

결국 게임에만 흥미가 있는 것 같습니다.

아이가 좋아하는 것을 찾아 스스로 움직이도록 하려면,

부모는 어떻게 해야 할까요?

A. 지금 무언가를 더 시키려고 하지 마세요.

부모가 "좋아하는 것을 반드시 찾아주어야 한다"라고

생각할 필요는 없습니다.

자녀를 위해 무언가를 해야 한다는 강박관념, 재능을 찾아 키워줘야 한다는 책임감에 사로잡히는 것은 전형적인 동물원형 육아의 모습입니다. 이런 상담을 받을 때마다 저는 늘 이렇게 말씀드립니다.

"그렇게까지 애쓰지 마세요."

부모가 애쓰면 애쓸수록, 아이는 의욕을 잃어버릴 수 있습니다. 여러 가지를 경험하게 해주는 것만으로도 충분합니다. 어떤 경험이든 아이에게 무의미한 것은 없으니까요.

홍미가 없어 보이는 경험이라도 아이에게는 절대 무의

미하지 않습니다. 지금은 관심이 없더라도 언젠가 다른 계기로 연결될 수도 있습니다. 아이가 아무런 흥미를 보이지 않는다고 해서 '아직 좋아하는 것을 못 찾았네', '이 아이는 무엇에 흥미가 있을까'라며 계속 고민하는 것 자체가 이미 지나친 노력일 수 있습니다.

혹시 놀이를 위해 방문하는 곳이나 학습 관련한 학원 등도 부모가 주도하여 결정하고 있지는 않나요?

만약 아이가 스스로 "가고 싶다! 하고 싶다!"라고 말했다면, 어느 정도의 흥미를 가지고 있는 것입니다. 아이의 희망으로 시작해 보았는데 "생각보다 재미없었어"라고 말했다면, 그것은 자율성이 없어서가 아니라 단지 흥미가 지속되지 않았던 것뿐입니다.

억지로 시키지 말고, 우선 '체험 기간'을 제안하기

결론적으로, 부모가 주도하여 무언가를 시키는 것은 이제 그만해야 합니다. 만약 데려가고 싶은 곳이 있다면 "이런 곳이 있는데 가볼래?"라고 아이에게 의견을 물어본 뒤, 가고 싶다고 하면 데려가십시오. 그렇게 해서 흥미를 느꼈다면 또 가고 싶다고 할 것이고, 재미없어하는 것 같으면 그것으로 끝내면 됩니다.

학원의 경우에는 '체험 기간'을 정하는 것도 하나의 방법입니다. 아이가 처음부터 싫어한다면 억지로 시킬 필요는 없지만, 흥미는 있는데 망설인다면 "일단 3개월만 해보고, 그 후에 계속할지 말지 결정할까?"라고 제안해 보십시오. 그리고 3개월이 지나면 계속할지 말지는 아이 본인에게 결정하게 하십시오.

부모는 선택지를 제공할 뿐, 판단하고 결정하는 것은 아이 자신입니다. 그 점을 혼동하지 않도록 합시다.

성적이 떨어져
목표 학교를 포기하겠대요

"아이는 부모가 "안 돼"라고 하면, 오히려 더 강하게 반발합니다. 하지만 "그래, 그렇게 해보자"라고 순순히 허락해 주면, 잠시 멈칫하며 스스로 진지하게 생각하기 시작합니다."

Q. 중학교 3학년 아들이 성적이 떨어지자

"어차피 난 안 돼"라며 의기소침해졌습니다.

목표로 하는 고등학교가 있었는데,

지금의 성적으로 가능한 학교로 바꾸고 싶다고 말합니다.

학원에서는 "여름 방학까지는 지망 학교를 바꾸지 말고 해보자"

라고 하고요.

본심은 다른 것 같지만, 아들의 말을 들어줘야 할지 고민입니다.

A. "어차피 난 안 돼"라고 말했다는 것은 자존심이 강하다는 증거입니다.

성장 욕구가 있는 아이입니다.

이런 때일수록 입시 지도 전문가인 학원 선생님과 상담하십시오.

수험생의 심리는 복잡합니다. 특히 대입이나 고입을 앞 둔 수험생이 되면 아이 본인도 어떻게 해야 할지 혼란스러울 때가 많습니다. 이럴 때일수록 입시 지도 전문가인 학원 선생 님과 상담하십시오. 아이가 부모에게 보여주는 얼굴과 학원 선생님에게 보여주는 얼굴은 다릅니다.

"아이가 지망 학교를 바꾸고 싶다고 하는데, 본심은 아 닌 것 같습니다. 제가 설득하기 어려울 것 같으니 선생님께서 한번 이야기해 주실 수 있나요? 도와주시면 감사하겠습니다."

이렇게 부탁하면 선생님이 객관적인 입장에서 아이의 진심을 끌어내 주실 가능성이 높습니다. 같은 이야기라도 부모보다 제삼자에게 들었을 때 아이가 더 쉽게 받아들입니다.

저라면 "그래, 좋아"라고 답할 것

제 아이가 같은 상황이라는 가정하에 이야기해 보겠습니다. 아이가 지망 학교 변경을 원한다고 말한다면 저는 "좋아"라고 말할 것입니다. 왜냐하면 많은 경우 아이는 '분명 부모님이 반대할 거야'라고 예상하고 일부러 그런 말을 꺼냅니다. 그때 부모가 "안 돼"라고 하면 오히려 더 강하게 반발할 수 있습니다.

하지만 "그래, 그렇게 해보자"라고 순순히 허락해 주면, 아이는 잠시 멈칫하며 스스로 진지하게 생각하기 시작합니다.

'정말 바꾸는 게 맞을까?'

'이게 맞는 선택일까?'

이때부터 아이는 처음으로 자신의 인생에 대한 '결정' 앞에서 깊이 고민하기 시작합니다.

자신의 인생에 관한 큰 판단과 결정을 내리게 되는 것이므로, 동물원에서 목장으로 넘어갈 절호의 기회입니다. 자신의 선택을 시험해 보고 책임을 배우는 중요한 성장의 과정이 됩니다.

가장 피해야 할 행동은 부모가 설득해서 억지로 기존의 지망 학교를 고수하게 만드는 것입니다. 그렇게 되면 다시 동물원형으로 되돌아가게 되고, 설령 합격하더라도 '부모님이 시켜서 온 학교'라는 생각 때문에 책임감과 주도성이 사라집니다.

지망 학교를 바꾸든, 그대로 두든, 마지막 결정은 반드시 아이 스스로 내리게 하십시오.

초2 아이의 단점만
눈에 보입니다

"아이의 진짜 장점은 부모가 바라는 모습이 아니라, 아이가 가진 개성과 성향 속에 있습니다. 단점처럼 보이는 부분을 조금만 관점을 바꿔 보면, 충분히 장점이 될 수 있습니다."

Q.   초등학교 2학년 아들의 단점만 눈에 띄고 장점을 모르겠습니다.

A.   단점을 장점으로 관점을 바꿔 봅시다.

아이는 아직 미숙하고 어리므로 '원래 못하는 것이 당연한 존재'입니다. 하지만 많은 부모가 아이에게 무엇이든 잘하기를 기대합니다. 그래서 아이가 조금만 부족한 모습을 보여도 금세 '단점'으로 단정 짓게 됩니다.

예를 들어 인사하기, 정리정돈, 공부, 책 읽기, 피아노 연습, 시간 지키기, 양치와 목욕 같은 생활 습관 등은 사실 부모가 '당연히 할 수 있어야 한다'고 여기는 것들입니다. 그러니 아이가 이것들을 잘하면 당연한 일이 되고, 조금 부족하면 단점으로 보이게 되는 것입니다.

부모의 관점을 바꾸면, 단점이 곧 장점이다

하지만 진짜 장점은 부모가 바라는 모습이 아니라, 아이가 가진 개성과 성향 속에 있습니다. 단점처럼 보이는 부분을 조금만 관점을 바꿔 보면, 다음과 같이 장점으로 바꿔 말할 수 있습니다.

1) 쉽게 싫증 낸다 → 폭넓은 경험을 할 수 있다

2) 금세 포기한다 → 판단이 빠르고 미련이 없다

3) 버릇이 없다 → 상하 관계에 얽매이지 않는다

4) 산만하다 → 에너지가 넘친다

5) 느긋하다 → 자신의 페이스를 중요하게 생각한다

6) 귀찮아한다 → 합리주의자다

이처럼 단점은 대부분 장점으로 바꾸어 말할 수 있습니다. 또한, 일상생활에서 아이가 설렘을 느끼거나, 즐거워하거나, 몰두하고 있는 것도 훌륭한 장점입니다.

1) 좋아하는 만화나 애니메이션에 몰두하고 있다

2) 학교 소풍이나 수학여행이 즐겁다

3) 친구들과 놀러 갈 때마다 설레고 즐거워한다

이러한 일들은 모두 '마음이 긍정적이고 건강한 상태'입니다. 마음이 긍정적일 수 있는 것이야말로 그 아이의 가장 큰 장점입니다. 아무리 공부를 잘하고 학원 성적이 좋아도 마음이 부정적이고 표정이 어둡다면 그것은 행복이라고 할 수 없습니다.

아이의 마음을 긍정적으로 만드는 것은 '즐겁다! 설렌다! 몰두할 수 있다!'라는 감정입니다. 여기에 엄마의 웃는 얼굴이 더해진다면 아이의 장점은 더욱 크게 자랄 것입니다.

장래 희망이
없다고 말합니다

"먼 미래의 일은 어른도 쉽게 상상하기 어렵습니다. 그보다는

주변의 흥미와 관심사로 시점을 좁히고, 아이의 적성을 생각한

후에 진로를 선택하는 것이 좋습니다."

Q. 고등학교 2학년 딸이 장래에 하고 싶은 것이 없다며

고민하고 있습니다.

부모로서 어떤 조언을 해주는 것이 좋을까요?

A. 하고 싶은 일은 장점과 연결되어 있습니다.

아이의 성장 과정을 되돌아보며, 아이의 장점이 무엇인지,

그동안 무엇에 흥미를 느끼고 어떤 일에 몰두했는지를

이야기해 주는 것이 좋습니다.

좋아하는 것을
다섯 가지만 꼽아보자

중학교, 초등학교, 유치원, 어린이집까지 거슬러 올라가서 그 아이가 어떤 것에 몰두했는지, 무엇에 흥미와 관심을 가졌는지 떠올려 보십시오.

아이와 대화하면서 "지금까지 가장 즐거웠던 일은 무엇이니?", "좋아하는 것을 다섯 가지 꼽는다면 뭐야?"라고 질문하며 기억을 떠올리게 하는 것도 좋습니다. 고등학생이라고 해도 아직 자신을 객관적으로 보기는 어렵기 때문에, 부모가 그 과정을 도와줄 필요가 있습니다.

장래에 무엇을 하고 싶은지 모를 때는 과거를 되돌아보며 미처 의식하지 못했던 장점이나 재능을 깨닫게 해주는 것이 자신을 객관적으로 보는 힌트가 됩니다.

그 힌트를 진로 선택의 판단 기준으로 삼아, 당장 직업을 정하기보다는 우선 대학에서 무엇을 배우고 싶은지, 무엇에 관심이 있는지 함께 탐색해 보십시오.

먼 미래의 일은 어른도 쉽게 상상하기 어렵습니다. 그보다는 주변의 흥미와 관심사로 시점을 좁히고, 아이의 적성을 생각한 후에 진로를 선택하는 것이 좋습니다.

수다 떠는 것을 좋아하는 아이라면, 커뮤니케이션이나 인간관계에 대해 배울 수 있는 학과가 맞을 수도 있습니다. 사회 문제에 관심이 있다면 그 주제와 관련된 학부와 학과를 함께 찾아 선택지를 주십시오.

아이의 적성을 생각하는 힌트 역시 장점을 찾는 방법과 마찬가지로, 결국은 '몰두할 수 있고, 설레고, 즐겁다고 느낄 수 있는 것'입니다. 성적이나 사회적 기준보다 아이의 흥미와 관심이 향하는 방향을 존중해야 합니다. 부모는 선택지를 보여주되 최종 결정은 반드시 아이가 하도록 해야 합니다.

대학 시절은 부모가 아이에게서 독립하고 아이가 부모에게서 독립하기 위한 가장 넓은 목장으로 내보내는 시기입니다. 목적지를 부모가 정해버리면 동물원으로 되돌아가는 셈이니, 그것만큼은 피하도록 하십시오.

중학 입시 준비가
너무 미흡합니다

"생활 습관의 속도가 느린 것은 그 아이의 리듬이므로, 설령 서두르게 한다고 해도 전체적인 균형이 무너질 가능성이 있습니다. 리듬에 맞는 양으로 숙제를 줄이는 것이 하나의 방법입니다. 그것이 어렵다면, 두 가지 선택지를 주어 아이에게 결정하도록 합시다."

Q. 중학 입시 학원에 다니는 딸이 있습니다.

매일 시간이 부족한데 일어나서 옷 갈아입고 밥 먹는 속도가

너무 느립니다.

숙제는 벼락치기로 하고, 부모가 세운 계획은 거부하며

스스로 계획을 세우지만 제대로 실행하지 못합니다.

공부도 꼼꼼함이 부족해 풀이 과정을 쓰지 않습니다.

주의를 주면 "괜찮아!"라고 큰소리를 칩니다.

그러면서 저에게는 옆에 있어 달라고 합니다.

A. 중학교 입시를 준비하는 초등 아이가 혼자서 시간 관리를 완벽하게

하는 것은 불가능합니다.

부모에게 매니저 역할을 맡기거나, 중학 입시를 그만두거나,

둘 중 하나를 본인이 판단하도록 합시다.

아이가 큰소리로 말대꾸한다는 것은, 부모 역시 그만큼 날 선 말투로 대응하고 있을 가능성이 높습니다. 또 생활 습관의 속도가 느린 것은 그 아이의 리듬이므로, 설령 서두르게 한다고 해도 전체적인 균형이 무너질 가능성이 있습니다.

우선은 그 리듬에 맞는 양으로 숙제를 줄이는 것이 하나의 방법입니다. 지금의 양이 10이라고 한다면, 절반인 5로 줄입니다. 그래도 많다면 3으로 줄입니다. 그 후, 매일의 계획을

아이 본인에게 세우게 하고 예정대로 진행할 수 있다면, 그것이 그 아이의 페이스라고 생각하고 받아들이는 것이 좋습니다.

두 가지 선택지 중 아이가 결정하도록

그것이 어렵다면, 다음 두 가지 선택지를 주어 아이에게 결정하도록 합시다.

첫째는, 시간 관리와 학습 계획을 전적으로 부모에게 맡기는 방법입니다. 이 경우 부모는 일종의 '매니저'가 되어 아이의 스케줄을 관리하며 입시를 함께 치르게 됩니다.

앞에서도 언급했듯이, 초등학생은 아직 시간 개념이 확립되지 않아 스스로 모든 학습을 관리하기 어렵습니다. 중학 입시는 특수한 세계이므로, 부모가 꼼꼼하게 공부 내용과 스케줄을 관리하는 동물원형이 오히려 효과적일 수 있습니다.

다만, 이 방식은 심리적 압박이 크기 때문에 아이가 번아웃에 빠질 가능성도 염두에 두어야 합니다. 공부량을 조정하되, 아이의 정신적 부담이 누적되지 않도록 부모가 감정적으로 안정된 태도를 유지하는 것이 중요합니다. 만약 일상적으로 큰소리로 다투는 상황이라면, 부모가 무리하게 이 방식을 고집하지 않는 편이 낫습니다.

두 번째는 중학 입시를 중단하는 선택입니다. 이 아이는 자신이 계획을 세우고 싶어 하는 자립심이 생기고 있지만, 동시에 부모가 옆에 있어 주기를 바라는 동물원형의 어리광도 아직 남아있습니다.

즉, 아직 완전히 목장형으로 나아가기에는 이르며, 동물원과 목장 사이에 있는 과도기 상태라고 볼 수 있습니다. 이럴 때는 과감하게 입시에 손을 떼고, 아이가 하고 싶은 대로 두는 것도 한 방법입니다.

입시라는 제약이 사라지면 부모의 스트레스도, 아이의 부담도 크게 줄어듭니다. 그다음은 본인이 무엇을 하고 싶은지 생각하게 하고, 공부가 아니더라도 흥미가 있는 일을 경험하게 하십시오.

물론 입시를 포기하면 또 다른 걱정이 생길 수 있습니다. 하지만 지금처럼 부모와 아이가 서로 힘든 상태라면, 잠시 멈추는 용기가 오히려 현명한 선택일 수 있습니다. 인생은 중학 입시로 끝나지 않습니다. 자녀와의 관계가 악화될 정도로 버티기보다, 부모가 먼저 브레이크를 밟는 용기가 필요할 때도 있습니다.

반대로, 아이가 진심으로 입시를 계속하고 싶어 한다면, 시간 관리를 부모에게 맡기는 체계적인 방식으로 전환해야 합니다. 그렇지 않으면 이도 저도 아닌 상태로 효과 없는 노력만 하게 되고, 결국 소모적인 결과로 이어질 가능성이 높습니다.

게으른 아들을 보면 감정이 폭발합니다

"앵거 매니지먼트(Anger Management, 분노 관리)에서는 '6초를 기다리면 분노가 가라앉는다'라고 하지만, 6초로 충분하지 않다고 느끼는 분도 많습니다. 그래서 저는 부모가 아이에게 잔소리를 쏟아내게 되는 두 가지 원인과 세 가지 개선 방법을 제시합니다."

A.   아이를 제대로 키워야 한다는 생각보다

‘아이를 꺾지 않는 육아’를 하십시오.

그리고 감정을 다스리는 근본적인 방법을 시도해 보시기 바랍니다.

사람은 감정의 동물이므로, 감정이 폭발하는 것은 어느 정도 어쩔 수 없는 일입니다. 그럴 때는 화내거나 꾸짖거나 상처 주는 말을 쏟아내지 않도록 다른 방으로 이동하는 등 아이에게서 잠시 떨어져 거리를 두는 것이 좋습니다.

앵거 매니지먼트(Anger Management, 분노 관리)에서는 ‘6초를 기다리면 분노가 가라앉는다’라고 하지만, 6초로 충분하지 않다고 느끼는 분도 많습니다. 그래서 저는 부모가 아이에게 잔소리를 쏟아내게 되는 두 가지 원인과 세 가지 개선 방법을 제시합니다.

감정이 폭발하는 두 가지 원인

아이에게 잔소리 폭탄을 퍼붓고 있다면 그 이유가 무엇일까요? 첫째는 정확히, 제대로 해야 한다는 강박 때문입니다. 부모 자신이 어릴 적부터 "정확히 해라", "제대로 해라"라는 말을 들으며 자라온 경우가 많습니다. 그 결과, 무엇이든 정확하고 완벽하게 해야 한다는 강박이 생기고, 아이가 그렇게 하지 않으면 감정이 폭발하게 되는 것입니다.

둘째는 일상 속에 누적된 스트레스가 전이된 것입니다. 회사 일이나 집안일, 인간관계 등으로 쌓인 스트레스가 결국 가장 가까운 존재인 아이에게 향하는 경우가 많습니다. 바쁜 일상에서 누적된 피로와 불만이 마침 눈앞의 아이를 계기로 터져 나와 감정이 '폭발'하는 것은 육아에서 매우 흔히 일어나는 일입니다.

감정을 다스리는 세 가지 방법

첫째, 논리적으로 감정을 해체해 보세요. 먼저 자신에게 질문을 던져봅시다.

'왜 나는 아이에게 화를 내는 걸까?'

'왜 아이는 내 말을 듣지 않을까?'

그 이유를 종이에 써 내려갑니다. '내 말투가 거칠어서', '지금 내가 짜증 나 있어서', '아이가 아직 필요성을 이해하지 못해서' 등 가능한 이유를 모두 적습니다.

그다음에는 '그럼 왜 내 말투가 거칠어졌을까?'처럼 논리를 한 단계씩 따라가며 원인을 좁혀 나갑니다. 이 과정을 통해 자신의 감정을 객관화할 수 있고, 생각의 방향이 정리되면서 분노의 열기가 자연스럽게 가라앉습니다.

둘째, 아이가 10년 후 잘 살고 있는 모습을 상상해 보세요. 부모가 아이에게 화를 내는 원인 중 하나는 '조바심'입니다. 이 조바심은 대부분 불안한 미래를 상상하는 데서 비롯됩니다. '이대로 가면 실패할 거야', '공부 안 하면 큰일 나'라는 생각이 현재의 아이를 통제하려는 행동으로 이어집니다. 하지만 그럴수록 아이는 위축되고, 부모는 더 불안해집니다.

따라서 아이가 10년 후 즐겁고 행복하게 생활하는 모습을 상상하고, 미래는 밝아질 것이라고 믿고 결정해 보세요. 그러면 당장의 부족함이 그리 심각하게 느껴지지 않을 것입니다. 현재의 모습은 단지 성장 과정의 일부일 뿐이니까요.

셋째, 스트레스를 해소할 자기 시간을 확보해 보세요. 분노의 임계점이 낮은 부모의 공통점은 자기를 위한 시간이 없다는 것입니다. 항상 해야 할 일에 쫓기며, 휴식이나 즐거움이 부족한 상태에서는 사소한 자극에도 화가 나기 쉽습니다.

이를 해결하기 위해서는 의식적으로 자신을 위한 시간을 확보하는 것이 중요합니다. 좋아하는 일을 하며 긴장을 풀면, 감정의 여유가 생기고 아이를 보는 시선도 부드러워집니다.

감정을 조절하기란 쉽지 않습니다. 하지만 위의 방법 중 한 가지라도 실천해 보십시오. 지속적으로 시도하다 보면 반드시 긍정적인 변화가 찾아올 것입니다.

환경 전환은
사실 부모의 '마음 전환'

이제 이 책도 거의 마지막에 다다랐습니다. 어떠셨나요? 정리가 좀 되셨나요?

이 책에서는 '동물원', '목장', '사바나'라는 세 장소를 육아의 단계에 빗대어 설명했습니다. '왜 부모의 말이 통하지 않을까?', '왜 아무리 공부하라고 해도 말을 듣지 않을까?'라는 의문을 품고 계셨다면, 바로 이 3단계를 이해함으로써 그 답을 찾을 수 있습니다. 지금 내가 아이와 함께 서 있는 위치를 알게 되면, 문제 해결의 실마리가 보입니다.

한 걸음 물러서는 경험의 반복이
변화를 이끈다

사실 동물원 환경이 꼭 나쁜 것은 아닙니다. 모든 아이에게는 동물원형 육아가 필요한 시기가 있습니다. 다만 언제까지나 그 틀 안에 머문다면, 안전하고 편하긴 해도 세상을 좁게 보게 되고, 스스로 사고하고 행동할 기회를 잃게 됩니다. 자립을 위해서는 아이의 성장에 맞춰 서서히 환경을 옮겨가는 것이 자연스럽고 바람직합니다.

여기서 한 가지 강조하고 싶은 것은 사실 환경을 전환하는 것이 아이의 행동 반경을 넓히는 차원만은 아니라는 것입니다. 사실은 부모의 마음가짐을 전환하는 것이 이 모든 단계의 첫발을 떼는 것입니다. 즉, 부모의 결심이 가장 중요합니다.

마음이 바뀌면 말이 바뀌고, 말이 바뀌면 대응이 바뀌며, 대응이 바뀌면 결국 아이의 행동과 사고도 달라집니다. 결국 변화를 일으키는 출발점은 부모의 마음입니다.

변화는 결코 하루아침에 이루어지지 않습니다. 부모가 마음을 바꾸기로 결심하는 순간부터 크고 작은 시행착오가 이어질 것입니다. 때로는 "이렇게 놔둬도 괜찮을까?" 하는 불안이 고개를 들고, 어떤 날은 다시 예전처럼 세세하게 간섭하고 싶은 충동이 올라올 수도 있습니다. 하지만 바로 그 과정이 동물원에서 목장으로, 혹은 사바나로 이동하는 연습입니다. 부모가 한 번에 완벽하게 달라질 필요는 없습니다. 하지만 자꾸만 한 걸음 물러서는 경험을 반복해 보는 것은 중요합니다.

부모가 변화의 첫 주체가 되면, 아이 역시 그 변화를 정확히 느끼게 됩니다. '엄마·아빠가 나를 믿고 지켜보고 있구나', '이제는 내가 결정해도 되는구나'라는 감각이 생기면, 아이의 행동은 서서히 자율성을 띠기 시작합니다. 작은 선택부터 스스로 해보려 하고, 무엇이든 도전해 보려는 용기를 갖게 됩니다. 이는 단순한 행동 변화가 아니라 '자기 인생을 스스로 이끌 수 있다'는 자기 효능감의 성장입니다.

'머리로는 알겠는데 마음을 바꾸는 건 어렵다'라고 느끼는 분도 많을 겁니다. 그 이유는 바로 '가치관'에 있습니다. 가치관은 우리가 세상을 판단하는 기준이며, 무엇을 중요하게 여기는지를 결정하는 사고의 틀입니다. 오랜 세월에 걸쳐 몸에 밴 습관이기 때문에 쉽게 바뀌기 어렵습니다.

사람은 자신의 가치관을 기준으로 생각하는 경향이 있어서 어쩔 수 없이 자신의 가치관을 상대에게 강요하게 됩니다. 이것이 문제의 씨앗인데, 그 원인을 깨닫지 못하면 상대를 더 이해시키려 하면서 에너지를 쏟아붓게 됩니다. 특히 부모와 자녀의 경우 밀착된 관계이기에 감정의 진폭이 크고 서로 상처받기 쉽습니다.

결국 부모는 마음속으로 '아무래도 안 되는 아이야'라고 단정하게 되고, 끝내 '이젠 모르겠다'라는 체념 상태에 이르기도 합니다. 하지만 아이러니하게도 그 포기의 순간부터 아이가 스스로 변하기 시작합니다. 30년 넘게 현장에서 보아온 수많은 사례가 그 사실을 증명합니다.

환경 전환의 3단계, 부모와 아이 동반 성장의 과정

부모가 자신의 가치관을 억지로 강요하지 않고, 아이의 가치관을 이해하는 시점을 가지는 것은 중요합니다. 이 책에서는 가치관의 차이를 좀 더 쉽게 이해할 수 있도록 '멀티태스킹형'과 '싱글태스킹형'이라는 두 가지 유형으로 나누어 설명했습니다.

멀티태스킹형은 '손익과 효율성'을 기준으로, 싱글태스킹형은 '좋고 싫음'을 기준으로 움직이는 경향이 있습니다.

따라서 멀티태스킹형은 '자신에게 이득이 있다'고 판단해야 행동하고, 싱글태스킹형은 '좋아한다'는 감정이 있어야 비로소 움직입니다.

예를 들어, 방에 들어가는 입구가 두 개 있는데, 일단 들어가면 안쪽은 같은 공간입니다. 하지만 부모는 자신이 들어온 입구(손익과 효율성)로 아이를 들어오게 하려 하고, 아이는 자신이 원하는 입구(좋고 싫음)로 가고 싶어 해 갈등이 생기는 것입니다.

그러나 부모가 이 차이를 이해하게 되면, "그렇구나, 그래서 그랬구나"라는 말이 저절로 나오게 될 겁니다. 이 말이야말로 부모의 가치관이 바뀌었다는 증거입니다. 그때부터 부모의 말투, 태도, 대응이 달라지고, 결국 아이의 행동도 변화합니다.

많은 육아서가 '아이의 마음이 되어봐라', '공감하고 지켜보라'고 말합니다. 물론 옳은 이야기입니다. 하지만 이 책은 그것을 한 단계 더 구체화했습니다.

'동물원', '목장', '사바나'라는 3단계 환경을 통해 아이의 성장 단계에 맞춘 실천 방법을 제시했습니다. 왜냐하면 관념적인 이해만으로는 아무것도 변하지 않기 때문입니다. 그런 의미에서 이 책은 '실천의 지침서'라고 부를 수 있습니다.

동물원에서 목장으로, 그리고 언젠가 사바나로 나아가는 여정은 부모와 아이가 동시에 성숙해 가는 동반 성장의 과정입니다. 부모가 마음의 울타리를 조금씩 넓혀나가면 아이는 더 멀리, 더 넓은 세상을 누빌 것입니다.

부모로서의 여정은 끝이 없지만, 오늘 이 책을 읽으며 단 한 걸음이라도 내디뎠다면 이미 가장 중요한 변화는 시작된 것입니다.

내 아이의 자립심

초판 1쇄 인쇄 2025년 12월 12일
초판 1쇄 발행 2025년 12월 22일

지은이.　　이시다 가쓰노리
옮긴이.　　양필성

펴낸이.　　최혜진
디자인.　　스튜디오 글리

종이.　　월드페이퍼
인쇄.　　한영문화사
물류.　　우진물류

펴낸곳.　　온포인트
출판등록.　　제2023-000090호
주소.　　서울시 금천구 디지털로9길 65 203호
전화.　　070-7514-3546
메일.　　onpoint-books@naver.com
인스타그램.　　@onpoint_books

ISBN　　979-11-996297-0-7 (13370)